MANUEL

DU

BACCALAURÉAT

DU MÊME AUTEUR

Manuel du Baccalauréat (vol. 16/11cm).

Histoire et Géographie (classes de Première A, B, C et D), 3e édition, cart. toile. . . . . 2 fr. 25

On vend séparément : HISTOIRE, 1 fr.; GÉOGRAPHIE, 1 fr. 50

Histoire et Géographie (classes de Philosophie et de Mathématiques), cart. toile . . . . 2 fr. »

On vend séparément : HISTOIRE, 1 fr. : GÉOGRAPHIE, 1 fr. 25

Manuel de Géographie à l'usage des candidats à l'Ecole navale. — Vol. 16/11cm, cart. toile. . . . . 2 fr. 75

Précis d'Histoire contemporaine à l'usage des candidats à l'Ecole navale. — Vol. 16/11cm, br. . 1 fr. 25

Précis d'Histoire contemporaine et Notions de Sciences politiques à l'usage des candidats à Saint-Cyr, programme de 1903, par H. HAUSER et Ed. CHARLOT. — Vol. 16/11cm, broché . . . . 1 fr. 75

L'Or (*Ouvrage couronné par l'Académie Française et la Société de Géographie commerciale de Paris*). — 2e édition. Volume 31/21cm, titre rouge et noir, illustré de 300 belles gravures, broché, 10 fr. : cart. toile, fers spéciaux, tranches dorées, 14 fr. : relié dos maroquin, coins, tête dorée, 18 fr.

Études d'Économie coloniale, 1er Fascicule : **Colonies Allemandes** IMPÉRIALES ET SPONTANÉES. — Un vol. 22/14cm, avec croquis . . . . 2 fr. 50

Les Ports de l'Allemagne contemporaine. — Brochure 22/14cm, 0 fr. 75

MANUEL

DU

BACCALAURÉAT

(PREMIÈRE PARTIE)

HISTOIRE MODERNE

(Classes de Première A, B, C et D)

PAR

H. HAUSER

Ancien élève de l'École normale, Agrégé d'histoire,
Docteur ès lettres,
Professeur à la Faculté des Lettres de l'Université de Dijon.

SIXIÈME ÉDITION

conforme au programme du 31 mai 1902.

PARIS

VUIBERT ET NONY ÉDITEURS

63, BOULEVARD SAINT-GERMAIN, 63

HISTOIRE MODERNE

PREMIÈRE PARTIE : 1715-1774

Le long règne de Louis XIV se termine tristement en 1715. Par les traités d'Utrecht, la France a dû renoncer à une partie de ses conquêtes, abandonner quelques-unes de ses colonies. Les dernières guerres, les impôts croissants, la détresse du Trésor ont rendu la nation misérable. Personne ne regrette le Roi-soleil, et le système politique dont il a été le plus brillant symbole commence à s'user.

D'autres puissances ont cru pendant que la France déclinait Au premier rang est l'Angleterre, qui commence à jouer son rôle de souveraine des océans.

La mort a durement frappé dans la famille de Louis XIV : elle a emporté le Grand-Dauphin, puis son fils, le duc de Bourgogne. La couronne de France tombe sur la tête d'un enfant de cinq ans, arrière-petit-fils du Grand Roi. Par son testament, Louis XIV laissait bien la régence à son neveu, Philippe d'Orléans ; mais il lui imposait un conseil de régence composé d'avance ; de plus un codicille remettait au duc du Maine, fils de Louis XIV et de Madame de Montespan, le gouvernement de la Maison du jeune roi. C'était enlever au pouvoir du régent toute réalité.

1

La France sous le règne de Louis XV.

La Régence. — Philippe d'Orléans fit abroger par le Parlement de Paris (auquel on rendit le droit de remontrances) le testament de Louis XIV et le codicille, et se fit donner le droit de composer à son choix le conseil de régence. Il était entouré des hommes qui avaient autrefois préparé, sous l'inspiration de Fénelon, le règne du second dauphin, les Saint-Simon, les Noailles, coterie honnête, à demi-janséniste, composée surtout de grands seigneurs très infatués de leur rang, et qui voulaient réformer l'État en remplaçant la domination des commis par le pouvoir de l'aristocratie. Le système de l'abbé de Saint-Pierre (*polysynodie*), qui substituait aux secrétaires d'État des Conseils, permit au Régent de satisfaire les appétits de la noblesse et de récompenser le Parlement du service qu'il venait de lui rendre : sept conseils de dix membres furent constitués avec la noblesse d'épée et de robe. Mais ces conseils firent plus de bruit que de besogne ; les nobles ne songèrent qu'à recouvrer leurs privilèges (suppression du dixième), à se faire donner des places et de l'argent, et à se livrer à une réaction inconsidérée contre les actes du feu roi : on cassa l'édit qui égalait les légitimés aux princes du sang, on n'osa pas rétablir l'édit de Nantes. Cette réaction n'eut qu'un temps ; dès 1718 le Régent revint peu à peu au système des secrétaires d'État ; dès 1720 le Parlement, coupable d'avoir pris au sérieux son droit de remontrances, fut exilé à Pontoise. Le Régent était cependant animé des meilleures intentions, mais c'était un caractère très faible, énervé par la vie de débauches honteuses qu'il menait. La seule réaction qui triompha vraiment avec lui, c'est la réaction contre l'hypocrisie dévote des dernières années de Louis XIV. La cour du *Palais-Royal*, qui ne rappelait en rien Versailles, donna le ton à tout le monde des *roués* (société de Vendôme, Chaulieu, Ninon de Lenclos, etc., soupers du Régent), qui joignit à l'incrédulité une immoralité cynique. Les grandes catastrophes, qui firent et défirent en quelque temps d'immenses fortunes et confondirent toutes les conditions, achevèrent de brouiller toutes les idées morales.

Les difficultés financières. Law. — Le Régent ne pouvait faire aucune réforme sérieuse avec la situation financière que lui avait léguée Louis XIV : Saint-Simon proposait de faire décréter par les États généraux que Louis XV ne devait pas payer les dettes de son aïeul. Les financiers *Pâris-Duverney* furent chargés par le régent d'opérer le *visa* des billets d'État, car beaucoup de billets faux ou illégaux étaient en

circulation. Une *chambre de justice* aurait rendu plus de
200 millions, si les traitants poursuivis n'avaient été protégés par les maîtresses et par les roués ; on n'en recueillit
que 70 millions.

C'est alors que l'Ecossais John **Law** (pron. *Lau* et non
Lass) vint offrir au Régent son **système**, fondé sur l'utilité
des banques et du papier-monnaie, et sur la possibilité d'établir en France une banque générale avec des succursales,
chargées d'escompter non seulement les billets de commerce,
mais les revenus de l'État, et de payer les dépenses publiques. Noailles eut peur du Système, et l'on autorisa seulement Law à créer, à ses risques (2 mai 1716), une *Banque
d'escompte* et d'émission (capital de 6 millions, en actions de
5.000 l.) ; le 10 avril 1717 elle devint *Banque générale*, et les
bureaux publics durent payer à vue ses billets, dont elle
émit une valeur de 60 millions sans ébranler son crédit. A
côté, Law créait une *Compagnie des Indes Occidentales*, qui
obtint du Régent la souveraineté de la *Louisiane* et le commerce du Canada : elle eut un capital de 100 millions, en
actions de 500 l., payables pour les 3/4 en billets d'État. 75
millions de billets furent retirés de la circulation : le reste,
ou 175, haussa de valeur ; le Trésor paya directement à la
Compagnie l'intérêt des billets encaissés par elle, soit 3 millions par an.

Le Parlement de Paris, toujours très inintelligent en matière
de finances et qui prenait tous les financiers pour des voleurs,
s'opposa au Système ; d'Argenson essaya de le ruiner en
créant l'*Antisystème*. Le Régent se décida alors à transformer
la Banque en **Banque royale** (4 déc. 1718), dont Law fut
directeur. Le rachat des deux compagnies des Indes orientales et de la Chine aboutit à la création (mai 1719) de la
Compagnie des Indes, qui devait centraliser l'exporta-
tion et l'importation des colonies et la colonisation. 50 mille
actions de 500 l. furent lancées au prix réel de 550 (pour en
avoir une, il fallait en présenter 4 des premières : les nouvelles furent appelées les *filles*). La compagnie acheta la
fonte des monnaies, et paya son privilège par une nouvelle
émission de 50.000 actions, toujours au pair de 500 l., mais
vendues 1.000 l. Alors commença l'*agiotage* (rue Quincam-
poix). Law propose au Régent de payer 1.500 millions de la
dette publique, si l'État sert aux nouvelles actions un intérêt de 3 °/₀ (soit 45 millions par an, tandis que le service
de cette dette en absorbait près de 80), et si la compagnie

obtient le bail des fermes. Cette immense opération fut réalisée le 27 août 1719. 100.000 actions nouvelles furent vendues 5.000 livres (mais ne furent pas, comme elles auraient dû l'être, réservées aux créanciers de l'État), et deux autres émissions de cent mille actions suivirent : l'agiotage en fit monter le prix à *vingt mille* livres, lorsque la compagnie eut obtenu la ferme du tabac. Les actions, qui représentaient un capital nominal d'un milliard 677 millions, valaient sur la place près de *9 milliards* : or le commerce des Indes, les fermes, etc., ne pouvaient rapporter plus de 80 millions et 1/2 par an. Parmi les *mississipiens*, il y eut des gens prudents qui *réalisèrent* (surtout les étrangers, Génevois, Hollandais, et les grands seigneurs), c'est-à-dire changèrent leur papier contre du métal, et la baisse commença. On défendit alors à tous les particuliers d'avoir chez eux plus de 500 l. en métal, de porter des diamants ou des pierreries, on encouragea la délation, et Law, qui avait été nommé contrôleur général, commit la folie de lier deux entreprises distinctes, la Compagnie et la Banque : il fixa arbitrairement à 9.000 livres (15 mars 1720) le prix minimum des actions, et décida qu'elles seraient payables en billets de banque ; comme les actions ne valaient plus en réalité que 4 ou 5.000 livres en espèces, les billets perdirent 50 °/₀ de leur valeur, puis finalement 75 °/₀. La banque ne remboursa plus que les billets de 10 livres, ce qui amena une presse où trois personnes furent étouffées. Law, qui avait, malgré ses fautes, donné un branle énergique au commerce national, révélé la puissance du crédit et diminué l'impôt, fut obligé de se sauver, réduit presque à la misère. Les Pâris-Duverney furent encore chargés de liquider la situation (la Compagnie des Indes subsista) et une *chambre ardente* poursuivit les mississipiens. — La peste avait désolé la Provence en 1720 (dévouement de l'évêque de Marseille, *Belzunce,* et du chevalier *Roze*).

Fleury. — Louis XV venait d'être déclaré majeur, lorsque mourut le duc d'Orléans (1723). Le *duc de Bourbon* ne signala son ministère que par une sorte de reproduction de la Révocation et par des persécutions contre les jansénistes. Louis XV appela au pouvoir son vieux précepteur, **Fleury**, évêque de Fréjus, plus tard cardinal. Vieillard souple et modeste, il évite avec soin les embarras ; il pratique, avec l'aide d'*Orry,* une politique d'économies, abolit l'impôt du cinquantième (créé par M. le Duc), diminue la taille, etc., mais réduit les dépenses même les plus utiles (marine) et, par un amour exagéré pour la paix, ne sait pas préparer la guerre. — Il remet en vigueur la bulle *Unigenitus* ; le Parlement, tout gallican et en partie janséniste, est exilé, puis rappelé (1730). Paris est agité par les *convulsionnaires* (tombeau du diacre Pâris). Fleury meurt en 1743.

D'Argenson. — Les d'Argenson, famille de robe (le marquis secrétaire d'État aux affaires étrangères 1744-47, le comte à la guerre 1743-57), lui succèdent. Ils sont en relations avec les écrivains (*club de l'Entresol*), avec les économistes, cherchent à appliquer leurs idées et rêvent de reconstituer l'Europe. Le comte fonde l'*École militaire* (1751), anoblit les officiers généraux roturiers. Mais il reprend les persécutions protestantes dans les Cévennes, et se donne au parti religieux. Il tomba en 1757, pour avoir voulu faire partir de la cour la maîtresse du roi, la *marquise de Pompadour*.

Machault. — Avec lui tombe l'ancien contrôleur général (depuis 1745 ; garde des sceaux en 1750 ; ministre de la marine en 1754), **Machault d'Arnouville**. Magistrat sévère, il veut rétablir le crédit public par l'honnêteté et répartir équitablement l'impôt. En 1747 il défend toute création de biens de *mainmorte* (biens d'Église) non enregistrée, et ferme même les établissements religieux non autorisés. Puis il supprime l'impôt du dixième et le remplace par un *vingtième*, qui sera payé par tous les ordres (1749) et dont le produit servira à amortir la dette. Les pays d'État se soulevèrent, notamment la Bretagne, et l'Église protesta violemment contre un édit qui ordonnait de rechercher la valeur de ses biens ; elle obtint que Machault perdît le contrôle général en 1754. Il prépara la flotte qui ouvrit glorieusement la guerre de Sept Ans, mais il fut exilé en 1757.

La fin du règne. — Louis XV a été de bonne heure perverti par ses courtisans. Après avoir montré quelque courage en 1744 (Louis le *Bien Aimé*) il tombe sous l'influence de Mᵐᵉ de Pompadour, qui, après le renvoi de Machault et de d'Argenson, devient un véritable premier ministre. La reine *Marie Leczinska*, plus âgée que le roi, se renferme dans une piété exaltée ; le dauphin, mort en 1765, fut un instant, comme autrefois le duc de Bourgogne, l'espoir du parti religieux. Son fils aîné (plus tard Louis XVI), qui a hérité de son caractère, épouse l'archiduchesse Marie-Antoinette (1770). — Louis XV assiste à son propre règne en spectateur apathique et, après la mort de la Pompadour, il s'abandonne aux plus honteuses débauches (la *du Barry*). — Il ne se plaît qu'aux petits jeux de la diplomatie secrète.

Les Parlements.— Le Parlement de Paris essaya de réveiller la vieille querelle sur la bulle *Unigenitus* (en 1727 Tencin avait condamné le vieil évêque de Senez) ; dès 1730, il proclame les articles de 1682, il est exilé, puis revient triomphant. En 1749, l'archevêque de Paris *Christophe de Beaumont* ordonne de refuser les sacrements aux jansénistes : le Parlement envoya la force armée au lit des mourants pour obliger les prêtres à conférer l'extrême-onction ; l'archevêque excommunia ses adversaires ; le roi exila Parlement et prélat, et voulut imposer silence à tous. Mais alors le Parlement entra en lutte avec le *grand Conseil*, fit des remontrances, et essaya de constituer, avec les autres Parlements du royaume (considérés comme des *classes* détachées de celui de Paris) une fédération qui aurait limité le pouvoir législatif du roi. Il se mit en grève, il démissionna. Au plus fort de la lutte *Damiens* blessa Louis XV d'un coup de canif (1757) ; le Parlement, très royaliste au fond, craignit d'être accusé de complicité et se soumit.

Choiseul. — Le duc de *Choiseul-Stainville*, Lorrain devenu Français, protégé de la Pompadour, entre aux affaires étrangères en 1758, à la marine en 1761. Après la guerre de Sept Ans (second traité de Vienne, Pacte de famille) il cherche à reconstituer l'armée et la marine, fait une maladroite tentative de colonisation à la Guyane, réunit la Lorraine (1766), occupe la Corse (1768, révolte de *Paoli*) qu'il a achetée aux Génois, détache le Portugal et la Hollande de l'alliance anglaise, et essaie vainement de sauver la Pologne. Il se heurte à l'opposition du Dauphin et des jésuites. La Société, déjà expulsée du Portugal en 1759 (voy. ch. X), est compromise dans la faillite d'un de ses membres, le P. Lavalette. Elle s'était lancée dans des entreprises commerciales et coloniales (Paraguay). Le Parlement réussit à se faire communiquer les constitutions de l'ordre (1761) : il les condamne, en interdit l'enseignement (de même que le Parlement de Rennes, *la Chalotais*) et, comme le *P. Ricci* refuse de les changer (*Sint ut sunt aut non sint*), l'ordre est banni de France en 1764, d'Espagne en 1766, enfin supprimé par *Clément XIV* en 1773. Les Parlements, qui ont combattu les jésuites, témoignent d'une intolérance sauvage contre les protestants (*Calas* à Toulouse, les *Sirven* à Castres) et les incrédules (*La Barre* et *d'Étallonde* à Abbeville.)

Maupeou. — Le parti jésuite suscite contre Choiseul le *triumviral* (d'*Aiguillon*, *Maupeou*, l'abbé *Terray*), qui triomphe en 1770, (lutte de d'Aiguillon contre la Chalotais et le Parlement de Bretagne à Rennes). Le chancelier Maupeou arrête la procédure poursuivie à Paris contre le duc d'Aiguillon et exile plus de 700 conseillers. Pour briser la puissance des Parlements, il diminue l'étendue des ressorts en créant des *conseils supérieurs* (six pour le ressort de Paris), supprime la vénalité et les épices.

Les magistrats exilés sont remplacés, et le nouveau Parlement est bientôt tourné en ridicule (affaire *Goezman*, mémoires de *Beaumarchais*) ; tous les corps privilégiés protestent contre le coup d'État. Louis XV se rend de plus en plus impopulaire par ses débauches, par les hontes de la guerre de Sept Ans, par les affaires louches auxquelles il participe (légende du *pacte de famine*, 1767-69), par l'accroissement des impôts et la banqueroute opérée par Terray mort en 1774).

II

L'Angleterre au XVIIIe siècle.

La Révolution de 1689 a marqué en Angleterre le triomphe de la souveraineté populaire. Guillaume d'Orange et Marie II Stuart n'ont été nommés roi et reine qu'après avoir prêté serment de respecter les libertés anglaises. Le XVIIIe s. va voir se développer la théorie et la pratique du gouvernement parlementaire.

Formation du régime parlementaire. — De 1689 à

1789 l'Angleterre, sauf une courte période, a toujours eu pour rois des étrangers. *Guillaume III* est toujours resté Hollandais (influence de *Bentinck*, duc de Portland), et il n'a guère été populaire. *Anne Stuart* (1702-1714), qui a réuni les deux couronnes d'Écosse et d'Angleterre en une seule administration (1707), a sans doute pensé à rappeler son frère Jacques III, mais la couronne passa au premier en ligne des descendants protestants de Jacques Ier, *George de Hanovre*. Il ne sut l'anglais de sa vie, vécut autant qu'il le put à Hanovre, entre sa pipe allemande et son pot de bière ; l'Ecosse soutint contre lui Jacques III, qui fut battu à *Perth* (1715). *George II*, qui avait été dans l'opposition comme prince de Galles, ne fut pas davantage populaire : les Anglais lui reprochaient d'employer les forces nationales à défendre en Hanovre ses intérêts personnels ; les Écossais ouvrirent leur pays au prétendant *Charles-Édouard*, qui fut vainqueur à *Falkirk*, puis battu à *Culloden* (1746). La répression fut terrible, le système des clans aboli. Le premier roi hanovrien que les Anglais aient vraiment considéré comme un compatriote est *George III* ; sa popularité, ses très réelles qualités, les guerres qui eurent lieu sous son règne (1760-1820) auraient pu favoriser le rétablissement en Angleterre de l'autorité monarchique, s'il n'avait été faible de raison et, à certains moments, tout à fait fou.

Avec une pareille royauté, le pouvoir appartenait nécessairement au Parlement, qui impose à chaque nouveau roi le serment de respecter l'acte de 1689. La Chambre des *lords* est formée des membres de la Haute-Église, des lords de naissance et aussi des lords créés par le roi ; cette aristocratie est donc ouverte au talent (Pitt devient lord *Chatham*, etc.), au travail et à la richesse (lord *Bridgewater*) ; elle se conserve par les substitutions (droit d'aînesse), mais les fils cadets sortent de la *nobility* pour tomber dans la *gentry*, où ils se rencontrent avec les *squires*, les gentilshommes campagnards. Les *Communes* sont théoriquement la représentation des comtés et des villes. Mais, depuis le temps où ont été dressées les listes d'élection, bien des villes nouvelles sont nées (Manchester, Liverpool), d'autres ont disparu, englobées dans les grands domaines (*bourgs-pourris*) : les premières n'ont pas de député, dans les secondes l'élection est aux mains du landlord. Les députés sont très accessibles à la corruption, dont Walpole fit un système, surtout lorsque le Parlement devint *septennal*.

Mais ils n'hésitent pas à renverser le ministre qui les a payés,
lorsque l'intérêt extérieur de l'Angleterre l'exige. Ce sont les
Communes qui détiennent la force politique. Quand il a
l'appui des Communes, c'est le ministère, et non le roi, qui
gouverne l'Angleterre.

Les libertés politiques et la presse. — Depuis 1689
les Anglais jouissent d'une liberté qui surprend les étrangers.
Les théories de **Locke** sur le gouvernement constitutionnel
sont entrées dans la pratique. Le droit de pétition, de réunion
(*meeting*) sont sans limites ; les paroles les plus hardies peuvent être proférées à la tribune des Communes par de grands
orateurs, les deux *Pitt, Fox, Burke, Sheridan*. Ces discours
doivent être adressés au président, qui seul porte le titre de
speaker (orateur), et ne doivent pas être reproduits textuel-
lement dans les journaux. C'est à peu près la seule (et bien
inoffensive) restriction apportée à la liberté de la presse. Les
caricaturistes, les faiseurs de pamphlets s'en prennent à tous
les pouvoirs (*Wilkes, Junius*). **Swift** attaque avec une déri-
sion amère toutes les institutions sociales.

Triomphe des Whigs. — Pendant la première période
du siècle, les *tories* (vieille aristocratie anglaise, haute église
anglicane) considèrent le roi hanovrien comme un intrus.
Force lui est bien de s'appuyer sur les *Whigs* (presbytériens,
bourgeoisie industrielle). Ce parti, qui avait momentanément
été écarté du pouvoir lors de la chute de *Marlborough* et
pendant les premières années d'Anne Stuart, atteint
son apogée avec le ministère de Robert Walpole, qui a
écrasé la rébellion écossaise de 1715. Walpole fait déclarer que la Chambre des communes sera septennale.
Il reste presque constamment au pouvoir pendant le
règne de George Ier et une partie du règne de George II
(jusqu'en 1742) ; il tombe parce qu'il aime trop la paix et ne
partage pas les colères anglaises contre l'Espagne ; il n'a pas
été plus corrompu ni plus corrupteur que ses adversaires. Il
a habitué l'Angleterre à considérer le roi comme un per-
sonnage simplement décoratif. Les whigs restent d'ailleurs
au pouvoir avec les lords *Carteret* et *Newcastle*, qui se
rendent impopulaires en soutenant la politique hanovrienne
de George II (succession d'Autriche). Le jeune *William* Pitt a
démissionné pour ne pas s'associer à cette politique ; il a pour
lui les vœux de la nation (*great commoner*), et à partir de
1757 il dirige la politique, tout à fait en dehors des rois

George II et George III ; épris de la grandeur de l'Angleterre, il augmente l'armée et engage contre la France la guerre de Sept Ans.

La crise constitutionnelle, 1760-1783. Réaction tory. — George III est vraiment un roi anglais. Avec lui, le mot *tory* change de sens ; il n'y a plus guère de jacobites, partisans sérieux du *roi de l'autre côté de l'eau*. Les tories sont simplement des *conservateurs*, partisans de la prérogative royale ; les whigs veulent établir l'omnipotence du Parlement. George III s'appuie sur les premiers et profite des dissensions des autres pour renverser William Pitt, et gouverne désormais avec le parti tory, qui veut mettre fin à la guerre de Sept Ans. Alors commence une réaction contre le libéralisme whig, des journalistes sont poursuivis pour avoir attaqué le roi ; des émeutes réprimées. L'Angleterre est menacée de voir se rétablir chez elle le gouvernement personnel, lorsque la folie du roi amène la constitution d'une régence. Malgré un retour momentané des whigs (Pitt est nommé lord Chatham, 1766) la réaction continue à triompher de nouveau. ses idées tories ne sont pas appliquées seulement au Royaume-Uni, mais aussi aux colonies, dont les habitants sont animés par le whiggisme le plus parfait. Malgré les avertissements de lord Chatham, le « ministère du Roi » entraîne l'Angleterre dans une guerre contre ses colonies d'Amérique (voy. ch. VIII). Chaque jour la domination des tories est menacée ; elle est violemment attaquée dans les pamphlets de Wilkes et dans les *Lettres de Junius* ; des émeutes ravagent Londres. Le jeune Pitt, en 1783. va reprendre avec éclat l'œuvre de son père, mais en partie contre les anciens whigs. et au profit des classes commerçantes et industrielles. qui deviennent l'élément essentiel de la politique anglaise. Le roi, malgré quelques lueurs passagères, est toujours faible d'esprit. et l'Angleterre s'habitue ainsi à considérer que la souveraineté ne réside pas nécessairement dans la couronne.

III

L'Empire russe au XVIIIe siècle.

Les réformes de Pierre le Grand. — La Russie, gouvernée depuis 1613 par les Romanof. n'était pas un pays européen. (*Michel Fédorovitch* lutte contre les

Cosaques du Don, *Alexis* contre les Polonais.) *Féodor Alexiévitch*, fondateur de l'*Académie gréco-latine*, laisse deux frères, *Ivan* et **Pierre**, mais le pouvoir appartient à leur sœur *Sophie*. Le jeune Pierre s'initie presque seul aux arts et à la politique de l'étranger, fait enfermer au couvent l'autocratrice, écarte son frère, et n'a plus qu'un rêve : arriver à la mer pour communiquer avec l'Occident. Il songe d'abord à Arkhangel, mais la mer y est gelée. Il organise une croisade contre Azof, où il échoue ; il recommence avec des régiments à l'européenne et une flottille, puis revient à Moscou en triomphe, de bombardier passé capitaine dans ses propres troupes.

En 1697 il s'en va sous le nom de *Pierre Mikhaïlof*, étudier sur place l'Europe, la politique, la guerre et les constructions navales, à Berlin, à *Saardam*, à Londres. Au retour il massacre la vieille milice des *Strélitz*, coupe les barbes de ses sujets et enferme au couvent sa femme *Eudoxie Lapoukhine* qui soutenait le parti *vieux-russe*, opposé aux réformes étrangères. Il veut pour sa flotte une autre mer que le marais fermé d'Azof ; mais la Baltique est aux Suédois.

La puissance militaire de la Suède était hors de proportion avec la population et la richesse de cet Etat. *Charles XII*, roi à quinze ans (1697) ne sera qu'un aventurier qui veut faire l'Alexandre. Attaqué à la fois par les Danois, les Polonais, les Russes, il prend Copenhague (paix de *Travendal*, 1700), disperse à *Narva* les trop jeunes régiments du tsar, détrône *Auguste II* de Saxe et donne sa couronne à *Stanislas Lesczinski* (1704 ; paix d'Altranstadt ; 1706). Pierre a profité de son séjour en Pologne pour refaire son armée. Il laisse Charles s'épuiser dans l'Ukraine à la recherche de l'hetman Mazeppa, puis il écrase ses troupes harassées à **Pultawa** (1709). Charles XII passe en Turquie, pousse ses hôtes à la guerre contre le tsar, mais ceux-ci laissent échapper Pierre et ne lui enlèvent qu'Azof (traité du Pruth, 1711). Charles XII, rentré en Suède, tourne tout à fait au condottière ; son ministre *de Gœrtz* veut faire de ce luthérien l'instrument du rétablissement des Stuart, mais Charles est tué devant une place norvégienne. Le tsar règle la question baltique par le traité de Nystadt (1721). La Pologne est rendue au Saxon, Brème et Verden sont donnés au Hanovre (c'est-à-dire au roi d'Angleterre), la Poméranie à la Prusse, le Sleswig au Danemark, et la Russie prend toute la côte baltique, de la Dvina

au golfe de Finlande. C'est déjà dans ces provinces, qui s'ouvrent vers l'Europe, au milieu des marais de la Néva, que le
tsar moscovite s'est bâti une capitale nouvelle, une ville à
l'allemande, **Pétersbourg**, défendue par la citadelle de
Kronstadt (1703). Le parti vieux-russe a beau protester, le
tsar veut imiter l'Europe, qu'il visite de nouveau, en empereur cette fois (1717), et il fait périr à son retour les récal-
citrants, même son fils Alexis (1718).

Il se sert de l'autocratie, qui est dans la tradition nationale,
pour refondre la Russie sur le modèle européen, avec l'aide
des étrangers qui l'entourent, Génevois (*Lefort*), Écossais (*Gor-
don, Bruce*), Allemands (*Ostermann, Münnich*), et aussi des
Russes qui veulent le comprendre (*Mentchikof, Cheremétief,
Galitzine, Dolgorouki, Apraxine*). C'est par des *oukases* qu'il
réglemente le sort des *moujiks*, organise des *ghildes* dans
les villes, assure la liberté des étrangers. Il crée la noblesse
de services ou *tchine*, un *Sénat* (en réalité Conseil d'Etat),
des collèges (conseils) pour lesquels il fait traduire les ouvrages suédois, des écoles où les jeunes *boyards* reçoivent
une éducation utilitaire, une *Académie des sciences* (Wolff,
Bernoulli, Delisle). Il divise son empire en 12 gouvernements,
43 *voïvodies*, avec des institutions locales empruntées à
l'Allemagne (*Landrat, Rathaus, Landmiliz*). Il crée de
nouveaux impôts : capitation, timbre, taxe sur les barbes,
sur le *raskol* (impôt sur l'hérésie), monopoles. Par le recru-
tement arbitraire, il se procure une armée régulière de
200.000 hommes. Il met également la main sur la religion
nationale : en 1700 il ne remplace pas le patriarche de Moscou, et fait gouverner l'Eglise par un *Saint Synode*, que pré-
side son *procureur général*. Il recule à trente ans l'âge des
vœux monastiques. Il introduit des cultures nouvelles, vigne,
mûrier, tabac, des procédés d'élevage, fait exploiter les mines de l'Oural (*Demidof*), installe des fabriques de bas (*Man-
vriou*, de cuirs (*Humphrey*), etc., signe des traités de commerce avec l'Europe, avec la Chine. Il pose les bases de la
grandeur russe en Asie (exploration du Kamtchatka), envoie
une flottille sur la Volga, bat la Perse, occupe le Daghestan,
le Gilan, le Mazanderan. Ce géant barbare a fait de la Russie
un empire qui va compter en Europe, qui a une armée et
une marine, qui s'étend à la fois vers les mers européennes
et le Pacifique. Son chef, héritier du patriarche de Moscou
est le protecteur naturel des orthodoxes sujets du Turc, et
lorsque Pierre Ier marchait vers Azof, il pensait déjà à Cons-

tantinople. Il meurt à 53 ans (1723), et laisse le pouvoir à la courageuse aventurière qui l'aida aux heures difficiles, Catherine Iʳᵉ.

Le gouvernement de Catherine II.— Après Pierre Iᵉʳ, la Russie oscille sans cesse entre deux influences : le parti des réformes, ou parti *allemand*, et le parti *vieux-russe*. *Catherine Iʳᵉ*, *Pierre II*, *Anne Ivanovna* et son favori *Biren*, duc de Courlande, appartiennent au premier. (Lascy reprend Azof, Münnich entre en Crimée et en Moldavie ; mais les défaites de l'Autriche forcent la Russie à renoncer à ses conquêtes par la paix de Belgrade, 1739.) Sous Ivan VI, la nation s'irrite de voir les Allemands disposer du gouvernement ; **Elisabeth Petrovna** fait emprisonner le Tsar, envoie Münnich en Sibérie, et met des Russes dans tous les emplois ; mais elle reprend en même temps l'œuvre de Pierre Iᵉʳ son père, et subit l'influence française (*la Chétardie*). *Pierre III* est un satellite de la Prusse ; mais sa femme, *Catherine d'Anhalt-Zerbst*, le fait disparaître et tout Allemande qu'elle est, se montre sur le trône plus Russe que tous les Tsars.

Débauchée, ambitieuse et perfide, **Catherine II** eut une âme virile et voulut faire de la Russie un grand empire. Les Russes éprouveront pour cette Allemande un enthousiasme vraiment national. Elle passe les revues en costume de cosaque, elle prend ses favoris parmi les Russes (*Potemkine*, les *Dolgorouki*, les *Orlof*). Elle sévit contre la corruption des fonctionnaires, réforme la division en gouvernements, colonise les terres désertes (l'Ukraine) en appelant les étrangers. Elle opère une vaste sécularisation des biens des monastères. Elle cherche à répandre l'instruction. Elle condamne l'intolérance, protège les serfs contre les mauvais traitements et crée une commission pour élaborer un Code russe. Ce ne fut qu'un projet : Catherine cherchait surtout à plaire à ses amis les philosophes (Voltaire et Diderot), les artistes (*Falconet*), et à agir par eux sur l'opinion européenne. Elle fut, autant que Pierre Iᵉʳ, un autocrate (*révolte de Pougatchef*, 1773). Toutes ses réformes n'ont été qu'un moyen d'accroître la puissance russe.

IV

L'État prussien au XVIIIᵉ siècle.

Le Grand Électeur. — Au début du XVIIᵉ siècle, les territoires qui devaient constituer un jour l'État prussien

formaient trois groupes séparés : 1° le *margraviat de Brandebourg* ; 2° sur le Rhin, des domaines réunis par le hasard
des héritages ; 3° le duché de *Prusse*, ancienne possession
des chevaliers teutoniques. La maison des Hohenzollern,
originaire de la Souabe, possède le margraviat depuis le xvᵉ
siècle. En 1525 l'un de ses membres sécularise à son profit
le duché de Prusse, qui fait retour à la branche aînée en 1609.
En 1614, le traité de Xanten laisse à l'Electeur une partie de
l'héritage de Clèves. Mais pendant la guerre de Trente Ans,
tous les États de *Georges-Guillaume*, la Prusse entre Suède
et Pologne, le Brandebourg entre les Danois, les Suédois et
les armées catholiques, les principautés rhénanes entre les
Hollandais et les Impériaux et Espagnols, sont horriblement
ravagés : il n'a pour les défendre qu'une armée de 230
hommes, et n'est obéi nulle part. Son fils **Frédéric-Guillaume** (1640), *le grand Électeur*, commence par dégager
ces pays de la lutte ; il lève une armée pour pouvoir paraître
au Congrès, où il obtient des évêchés qui jalonnent la route
entre le Brandebourg et le Rhin. Pendant la guerre des
Wasa il se fait reconnaître *duc souverain* en Prusse par
Charles X Gustave ; puis il passe dans le camp polonais, et
obtient la même faveur de Sigismond ; en 1660 tous les con-
tractants reconnaissent sa souveraineté. Il impose aux *États
(Staende)*, ou assemblées locales de ses trois territoires,
l'obéissance politique et le régime militaire. Il se tourne
contre la France et bat les Suédois à *Fehrbellin* (1675).
La paix de *Saint-Germain* l'oblige à renoncer à la Poméranie (1679) ; il s'adonne aux entreprises maritimes
et coloniales, et s'emploie en faveur de la France à Ratisbonne. Mais la Révocation le jette dans le camp antifrançais :
il accueille les réfugiés, qui font vraiment de *Berlin* une
ville et introduisent dans le Brandebourg les cultures et les
industries françaises, et forme avec eux 5 régiments. A sa
mort (1688), il laisse une armée de 38.000 hommes à *Frédéric III*. Celui-ci singe Louis XIV, crée l'*Académie* de Berlin,
construit à *Charlottenbourg* un petit Versailles dont les jardins
sont dessinés par Le Nôtre, et se fait sacrer **roi en Prusse**
(à Kœnigsberg, 18 janv. 1701), sous le nom de *Frédéric Iᵉʳ*.

Frédéric-Guillaume Iᵉʳ. — Son fils *Frédéric-Guillaume Iᵉʳ* (1713) est reconnu comme roi à Utrecht, et il conserve les principautés acquises par son père dans le Jura

(*Neuchâtel* et *Valengin*). C'est un soldat brutal, tyran de son
État (*nicht raisonnieren*) et de sa famille ; il colonise les
parties stériles de la Marche, de la Prusse et de la Poméranie
(1720) en ouvrant son royaume à tous les persécutés, en
attirant par des réclames les sujets de ses voisins quand il
ne fait pas enlever par ses cavaliers des populations entières.
Le *Roi-Sergent* songe avant tout à son armée, composée en
partie de *bons gars* de six pieds, exercée à la *charge en douze
temps*, et qui monte à 60.000 hommes : il l'aime tellement
qu'il évite de la compromettre dans les guerres européennes
(sauf contre la Suède).

I a créé l'instrument de la grandeur prussienne.

Frédéric II. — Son fils **Frédéric II** (roi en 1740) avait
vécu à l'écart, peu aimé de son père, qui ne se reconnaissait pas
dans ce jeune homme frivole, esclave des modes françaises,
joueur de flûte et poète. Le prince royal a même essayé de
s'enfuir ; l'un de ses complices, *Katt*, est décapité sous ses
yeux, à Küstrin ; il est emprisonné, puis soumis à une rude
éducation d'administrateur provincial, avant d'obtenir la grâce
de rentrer dans l'armée prussienne. En apparence il reprend son
ancienne vie de lettré, s'enferme au château de *Rheinsberg*,
correspond avec Voltaire et compose un *Antimachiavel* ;
mais il a beaucoup appris, et il est décidé à profiter de
l'œuvre de son père. Esprit aiguisé et sans scrupules, il con-
naît admirablement l'état de l'Europe, le fort et le faible de
chacun, changera d'alliances au gré de ses intérêts. Il n'est
pas né général, et se sauvera presque à la première rencontre ; mais il saura se faire instruire par l'expérience et
par l'adversité, il deviendra, par un effort constant de sa
volonté, un grand homme de guerre, et ne se laissera décou-
rager par aucun désastre.

Il sera aussi le modèle le plus réussi (et le plus heureux)
du despote bienfaisant. A deux reprises, après 1748 et après
1763, il se remet à la grande œuvre de la colonisation intérieure : la population de ses anciens et nouveaux États
monte de plus d'un million d'âmes ; et, prince calviniste (de
naissance) d'un peuple luthérien, il appelle dans son royaume les jésuites persécutés. Il dessèche les tourbières de la
Silésie et les marais poméraniens et polonais, creuse un
canal de l'Elbe à l'Oder et de l'Oder à la Vistule, etc., crée
ou fait créer par ses courtisans des *villages royaux*, distribue

de l'argent aux provinces ruinées, des semences ou du bétail
aux cultivateurs. Son activité infatigable et sa parcimonie
presque mesquine lui permettent de réparer les désastres de
la guerre de Sept Ans. (Plantations de mûriers, manufactures à Berlin et à Potsdam, faveurs au commerce d'expor-
tation. etc.) Il répand partout l'instruction, une justice rapide, peu coûteuse, humaine, une liberté religieuse illimitée,
une liberté de la presse inouïe. Avec cela il reste un despote, inspecte ses troupes la canne à la main et ne permet
à aucun Prussien de voyager sans son autorisation. — La
cour de Potsdam (*château Sans-Souci*) attire les étrangers de
distinction, l'Italien *Algarotti*, les Français *Maupertuis, d'Ar-
gens, la Mettrie*, enfin Voltaire. Lui-même, s'il a été dans sa
jeunesse un piètre poète, est un écrivain (français) dans ses
Mémoires.

Avec un État de 5 millions d'hommes et une armée très
supérieure à sa puissance réelle, il est le premier person-
nage de l'Allemagne. Il empêchera Catherine II de faire de la
Pologne un protectorat russe, et il soudera la Prusse au Brandebourg. Il empêche l'Autriche d'acquérir la Bavière (paix
de Teschen. 1779), puis de l'échanger contre les Pays-Bas
(1785). Il mettra, en cette occasion, pour la première fois la
Prusse à la tête de l'Allemagne, en groupant autour de lui
seize princes de l'Empire (*Fürstenbund*).

Le « Salomon du Nord » excite une admiration universelle : la monarchie prussienne est regardée comme un État
modèle, et l'armée prussienne comme la première. la mieux
armée et la mieux commandée de l'Europe.

V

L'État autrichien au XVIIIe siècle.

La Pragmatique. — A Utrecht. la maison d'Autriche, si
longtemps écrasée par la France. est parmi les vainqueurs ;
elle gagne Milan et Bruxelles, d'abord Naples. Grandeur factice, car ses domaines dispersés (en 1738 : Autriche, Tirol.
Bohême. Silésie, Hongrie, Milanais, Parme et Plaisance, Pays-
Bas), différents de langue (allemands, magyars, tchèques,
plus tard polonais, italiens. flamands) et de religion (catholiques. protestants et orthodoxes), opposés d'intérêts, l'affai

blissent plus qu'ils ne l'enrichissent. Charles VI n'a qu'une pensée : conserver l'unité de ces domaines en les léguant à sa fille *Marie-Thérèse*, mariée à *François de Lorraine*, duc de Toscane. Pour écarter les prétentions des autres héritiers, il a promulgué une *Pragmatique sanction*; pour faire reconnaitre cette Pragmatique par les divers États de l'Europe, il a consenti à tout : à échanger les Deux-Siciles contre Parme et Plaisance; à installer en Lorraine, à la place de son gendre, le beau-père du roi de France, Stanislas Lesczinski, enfin à supprimer sa création favorite, la *compagnie d'Ostende*, qui faisait (Anvers étant anéanti par la fermeture de l'Escaut) le commerce de l'Inde et de la Chine, mais qu'il fallut sacrifier aux jalousies des puissances maritimes.

Marie-Thérèse. — Sa fille, la reine de Hongrie, en dépit des traités et des pragmatiques, n'eut pas un règne paisible. Elle montre dans la guerre un touchant courage, qui excite le sympathique dévouement de ses peuples. Patiente et tenace, elle cherche à reconstituer ses forces après la défaite, pour recommencer la lutte ; elle veut faire de son mari un empereur, de son fils un empereur et elle y parvient.

Les réformes de Joseph II. — Empereur en 1765, Joseph II n'est tout d'abord, dans les États autrichiens, que le premier sujet de sa mère. Il voyage en Europe et à travers la monarchie, il se met à l'école des philosophes. Seul maître en 1780, il veut réformer ses États, imposer aux Flamands comme aux Polonais et aux Tchèques une centralisation bienfaisante.

Il supprime les dîmes et corvées, il veut établir dans ses États une église à demi indépendante de Rome, sur le modèle de l'Église gallicane de 1682, et aussi sur le conseil des *philosophes* (suppression des couvents, mariage civil, édit de tolérance). Il cherche à enrichir ses sujets en supprimant les douanes entre les provinces, en ouvrant les ports francs de Trieste et de Fiume, etc.; mais par son esprit brouillon et inquiet, par son libéralisme despotique, par son centralisme excessif, il mécontente toutes les classes et toutes les nationalités, bouleverse les traditions de tous ses sujets et suscite des révolutions (Belgique, 1789).

VI

La politique continentale de 1715 à 1763.

Politique de la France. — La paix d'Utrecht a établi la dynastie protestante en Angleterre, séparé pour toujours l'Espagne de la France, et fermé l'Italie à l'Espagne. *Élisabeth Farnèse*, princesse de Parme, devenue reine d'Espagne, chasse de Madrid la *princesse des Ursins*, qui y représentait l'influence française; pour obtenir aux fils qu'elle aura de Philippe V des principautés en Italie, elle est prête à bouleverser l'Europe. L'Italien **Albéroni**, qu'elle fait ministre et cardinal, pousse Philippe V à ne pas tenir compte de sa renonciation au trône de France (le jeune Louis XV paraissait devoir mourir), et à soutenir le Prétendant en Angleterre (où l'on enverra Charles XII. Projet d'alliance avec les Turcs, avec Rakoczy, la Savoie, etc.). Il entre dans une conspiration du duc du Maine contre le Régent (l'ambassadeur espagnol *Cellamare*, mouvements en Bretagne). Le Régent, lié à l'Angleterre par son intérêt évident et par les menées d'un familier, l'abbé **Dubois**, qu'il bombarde, lui aussi, cardinal-ministre, signe la *Triple alliance* de 1717 (France, Angleterre, Hollande; démolition des nouveaux ouvrages de Mardyk, expulsion du Prétendant) pour le maintien de la paix d'Utrecht; elle devient *quadruple* par l'adhésion de l'Autriche (1718). Une guerre navale en Sicile, une invasion de *Berwick* en Espagne (incendie des vaisseaux espagnols à Passages, 1719), l'échec des Turcs et de Charles XII, amènent la chute d'Albéroni (paix de Londres, 1720); mais Élisabeth obtient l'expectative de Parme, Plaisance et Toscane pour *Don Carlos*. Le sacrifié est le Savoyard, qui cède la Sicile à l'Empereur et devient *roi de Sardaigne*.

Le duc de Bourbon (et sa maîtresse Mᵐᵉ de Prie), en renvoyant à Madrid l'infante fiancée à Louis XV, pousse Philippe V à se rapprocher de Charles VI. Son nouveau ministre, l'aventurier hollandais *Riperda*, ouvre à la *Compagnie d'Ostende* le commerce des Indes espagnoles et garantit la *pragmatique sanction* (voy. ch. V). Contre-alliance (1725, à Hanovre) entre la France, l'Angleterre et la Prusse; mais, malgré une tentative contre Gibraltar, Fleury et Robert Walpole maintiennent la paix (Congrès de Soissons, traité de Séville, 1729), installent Don Carlos à Parme, et brouillent l'Empereur et Philippe V.

En 1733 meurt *Auguste II*, roi de Pologne. L'intérêt de la France (d'Argenson) était de soutenir en Pologne les Saxons, seuls capables de faire de cette république anarchique un État solide. Mais *Auguste III* a pour rival *Stanislas Leczinski*, le protégé de Charles XII, et Mme de Prie a fait de sa fille une reine de France. Fleury essaie de soutenir le beau-père du roi, mais mollement (*Plélo* à Danzig), et il échoue. C'est sur le Rhin qu'il doit combattre les Russes et les Impériaux, qu'il rencontre aussi en Italie : Berwick enlève *Kehl* au prince Eugène ; Villars meurt en Italie, mais *Coigny* est vainqueur à *Parme* et à *Guastalla*, et les Espagnols sous le duc de *Montemar* à *Bitonto* (1735). Le **traité de Vienne** (1738), négocié par *Chauvelin*, donne les *Deux-Siciles* à Don Carlos, Parme et Plaisance à l'Empereur, qui fait reconnaître par tous sa Pragmatique ; son gendre François de Lorraine devient duc de Toscane, et son ancien duché est donné à Stanislas. La Sardaigne n'obtient que Novare et Tortone. — Si l'Espagne ne reprend pas pied en Italie, du moins c'est un Bourbon d'Espagne qui va régner à Naples ; un second infant obtiendra plus tard Parme et Plaisance, le berceau d'Élisabeth. A Nancy, le roi de Pologne, duc de Lorraine et de Bar, tient une petite cour assez brillante, reçoit les écrivains menacés en France, crée une Académie, fait des constructions et rend très heureux son petit État. La France n'aura qu'à recueillir sa succession, et la question lorraine est désormais tranchée. Fleury a tiré très habilement parti de la situation, mais ni lui ni Walpole ne peuvent empêcher l'Angleterre de faire la guerre à l'Espagne pour « quelques oreilles anglaises » coupées en Amérique par les douaniers espagnols (*vaisseau de permission*, 1739).

Rivalité de la Prusse et de l'Autriche, de la France et de l'Angleterre. — De 1740 à 1763, l'Europe va être presque constamment en guerre : deux guerres de Sept ans, et dans l'intervalle une paix de longueur à peu près égale. — Les sœurs de Joseph Ier avaient renoncé à leurs droits sur l'Autriche en faveur de leur frère puîné Charles VI, pour que le chef de la maison pût être empereur ; mais Charles VI n'ayant pas eu de fils, les maris des deux princesses, électeurs de Bavière et de Saxe, nient que cette renonciation doive également profiter à sa fille et à son gendre. Malgré la Pragmatique, ils réclament la succession ; le roi de Sardaigne fait alors valoir ses droits sur Milan, et le roi de Prusse envahit la *Silésie*. Tous les ennemis de l'Autriche s'unissent (traité de Nymphenbourg, 1741). Elle est financièrement soutenue par l'Angleterre : 1° parce que la Prusse a pour alliée la France ; 2° parce que le roi d'Angleterre est roi de Hanovre, et comme tel menacé par Frédéric II. Elle ne peut empêcher l'électeur de Bavière d'être élu empereur (*Charles VII*, 1742), mais elle amène Frédéric II à abandonner ses alliés, moyennant la cession de la Silésie (*Breslau*, 1742). Cette défection entraîne celle de la Saxe, et la Sardaigne passe du côté de l'Autriche. L'Angleterre ne se contente plus de fournir des subsides à Marie-Thérèse, elle envoie une armée en Allemagne. Après la mort de Charles VII (traité de *Fuessen*, 1745) l'heureux époux de Marie-Thérèse est enfin élu empereur (*François Ier*) : la guerre ne continue plus qu'entre les Austro-Anglais et la France, faiblement soutenue par la Prusse, qui fait de nouveau défection (*Dresde*, 1745). La paix d'Aix-la-Chapelle (1748) règle définitivement la succession d'Autriche, laisse la Silésie à la Prusse, Parme et Plaisance à l'infant don Philippe ; la France démolit encore une fois Dunkerque et expulse le Prétendant. — Mais Marie-Thérèse ne peut renoncer à la Silésie ; elle entraîne contre la Prusse la France, la tsarine Elisabeth, la Suède, la Saxe, et même l'Empire, qui lève une armée d'exécution. Mais alors c'est l'Angleterre qui se fait garantir par Frédéric II le Hanovre, pour mieux combattre sa vraie ennemie, la France. Frédéric II est cependant réduit plusieurs fois à une position désespérée ; il est sauvé par son énergie, son talent militaire, son habileté. A la mort d'Elisabeth (1762) il trouve un admirateur et un allié dans le jeune *Pierre III*, auquel il fait épouser une Allemande, Catherine d'Anhalt-Zerbst (Catherine II, voy. ch. III). Par le traité d'*Hubertsbourg* (1763) il rend à Auguste III la Saxe, qu'il avait conquise, mais il obtient de l'Autriche un nouvel et définitif abandon de la Silésie. Le traité de Paris termine la guerre de Sept Ans.

Principales actions militaires. — 1741, victoire des Prussiens à *Molvitz, Belle-Isle* en Bohème, prise de Prague ; retraite de l'armée française ; Prague défendue par *Chevert* (1743). Affaire anglo-française de *Dettingen*. Campagne du **maréchal de Saxe** dans les Pays-Bas : victoires contre les Anglo-Hollandais à **Fontenoy** (1745), *Raucoux* (1746), *Lawfeld* (1747) ; prise de *Berg-op-Zoom* (par *Lowendal*) et de *Maestricht*. — 1756, Frédéric II enlève le camp saxon de *Pirna*, bat les Autrichiens à *Lowositz*, et, avec l'aide des troupes saxonnes qu'il a incorporées dans son armée, remporte la victoire de *Prague* (1757). Mais *Daun* (bataille de *Kollin*) le force à évacuer la Bohème, les Russes sont vainqueurs à *Jaegernsdorf*, et d'*Estrées* envahit le *Hanovre* (*Hastenbeck*). Le duc de **Richelieu**, qui réussit à cerner l'armée du duc de Cumberland, la laisse échapper par la capitulation de *Closterseven*, désavouée par l'Angleterre. A **Rosbach** (1757), *Soubise* et l'armée d'exécution sont vaincus par Frédéric II, qui reprend la Silésie par la victoire de *Leuthen*. Les Français sont encore battus à *Krefeld* (1758). De Broglie et Contades remportent des succès en Westphalie, mais ils échouent à *Minden*. *Castries* bat les Prussiens à *Clostercamp* (dévouement de *d'Assas*). Frédéric II a repoussé les Russes en 1758 (Zorndorf), mais il est battu en 1759 à *Zullichau* et à *Kunersdorf* ; il repousse *Daun* à *Torgau* (1760).

Rôle de la France dans ces guerres. — Depuis le xvie siècle la politique de la France a été antiautrichienne ; la Bavière a été la fidèle alliée de Louis XIV ; la Prusse et son roi sont très populaires parmi les Français ; aussi le maréchal de *Belle-Isle* arrache au vieux Fleury l'autorisation de soutenir Charles VII. Après avoir assez maladroitement essayé de se réconcilier avec l'Autriche, Fleury meurt en 1743. Dès lors la France oublie de plus en plus ses véritables intérêts, la lutte aux colonies contre l'Angleterre, pour servir la politique prussienne, malgré les infidélités de Frédéric II. Après 1745, lorsque la guerre de succession est en fait terminée, elle continue à lutter contre l'Autriche ; on peut alors espérer que les victoires de Maurice de Saxe nous vaudront une partie des Pays-Bas, mais Louis XV cède devant l'Angleterre, qui ne veut pas des Français à Anvers, et abandonne toutes ses conquêtes en 1748.

La seconde guerre de Sept Ans est d'abord un simple coaflit maritime et colonial entre l'Angleterre et la France. Mais Frédéric signe avec l'Angleterre une alliance défensive (*Traité de Londres*, 1756). Dès lors la France ne pouvait plus compter sur lui. D'autre part la politique traditionnelle de lutte contre l'Autriche n'avait plus de raison d'être, depuis que l'Autriche n'était plus dangereuse : telles sont les causes du *renversement des alliances* de 1756 (traité de **Versailles** ou de *Babiole*). Mais au lieu de restreindre autant que possible notre intervention sur le continent, *Bernis* lie complètement notre politique à la politique autrichienne. Le duc de **Choiseul**, ancien sujet de François de Lorraine, rend encore plus étroite et plus coûteuse notre union avec Marie-Thérèse. Par le *Pacte de famille* (entre les Bourbons de France, d'Espagne et d'Italie, 1761), il ne réussit qu'à fournir à l'Angleterre un prétexte pour s'emparer des colonies espagnoles. La faiblesse et l'indifférence du roi (un instant relevé par Mme de *Châteauroux*, mais malade à Metz, 1744) et l'influence de Mme de **Pompadour**, qui fait nommer des généraux incapables, ont aidé au triomphe de Frédéric II sur le continent européen, de l'Angleterre sur mer et aux colonies.

VII

La politique coloniale.

Rivalité de la France et de l'Angleterre en Amérique et aux Indes. — Au XVIIIe siècle la France et l'Angleterre ont toutes deux cherché au delà des mers des matières premières et des débouchés pour leur industrie : de plus les colonies sont devenues un appoint important dans les luttes continentales.

Aux Indes orientales et en Amérique la France et l'Angleterre sont voisines et rivales. — Le commerce anglais s'est développé sous Guillaume III, et en 1693 s'est créée la *Banque d'Angleterre*, d'émission et d'escompte. La *Compagnie des Indes*, fondée en 1600, avait d'abord établi des comptoirs à *Surate*, à *Madras*, et obtenu du *Grand Mogol* le commerce du Bengale. Le roi lui cède *Bombay* (1688) et, malgré ses luttes avec les Hollandais et même avec *Aureng Zeb*, elle fonde *Fort-William* (*Calcutta*). Elle souffre beaucoup de la guerre d'Augsbourg, mais elle fusionne avec une société rivale (1701) et profite du démembrement de l'Empire du Mogol. En 1726 elle obtient le droit d'avoir des tribunaux à Bombay, Madras et Calcutta.

Sa rivale française, établie à *Chandernagor* (1676), à *Pondichéry* (1679), ruinée par la guerre d'Espagne, prend un nouvel essor à la suite de l'établissement et malgré la ruine du *Système*, avec le gouverneur général *Dumas* (1735, Karikal, Mahé, etc.). — Le Canada et la Louisiane ont également profité des tentatives de Law. Mais leur population européenne est bien moins nombreuse que celle des colonies anglaises voisines (expéditions de *Walter Raleigh* en *Virginie*; émigration, à partir de 1618, des puritains dans la *Nouvelle-Angleterre*; *Penn* crée pour les *quakers* la colonie de *Pennsylvania*; 1713, annexion de l'Acadie et de Terre-Neuve). Ces dernières sont menacées d'être complètement enfermées entre la mer et les Français si la Nouvelle-France et la Louisiane réussissent à s'unir par le Mississipi.

En 1747, de *la Jonquière* est pris par les Anglais près du cap Finistère; *Hawke* attaque sept de nos vaisseaux à Belle-Isle; deux d'entre eux réussissent à regagner Brest.

De 1745 à 1748, *Cap-Breton* est occupé par les Anglais. — Dans l'Inde, **Dupleix** rêve de faire de la Compagnie une grande puissance territoriale et militaire : 1° en intervenant dans les querelles de succession entre les feudataires du Mogol, et en mettant la force dont il dispose au profit des concurrents les plus faibles : le vainqueur reconnaissant lui accorde des territoires; 2° en armant et en instruisant à l'européenne les troupes indigènes (*cipayes*). Il ne s'entend pas avec le chef de la station navale **Mahé de la Bourdonnais** (gouverneur de Bourbon et de l'Ile de France) : celui-ci ayant, après la prise de *Madras* (1746), accordé à la ville une capitulation, Dupleix casse la capitulation et garde Madras, qu'il est obligé de rendre en 1748. Pendant la paix, la prospérité est générale dans nos colonies (et dans les ports qui tratiquent avec elles, Lorient, Nantes, Bordeaux, Marseille). Aidé par sa femme (*Joanna Begum*), Dupleix se lie de plus en plus avec les indigènes, qui le regardent comme un de leurs nababs; il occupe peu à peu toute la côte d'Orissa, et gouverne un empire de 30 millions d'hommes. Mais déjà les Anglais *Lawrence* et *Clive*, imitant l'exemple qu'il leur avait donné, opposent à ses protégés les forces de la Compagnie anglaise; la Compagnie française se fatigua de conquêtes qui

Synchronisme des principaux événements
de 1715 à 1763.

	FRANCE	AFFAIRES EUROPÉENNES	AFFAIRES MARITIMES ET COLONIALES
1716	*Law.*	Peterwardein.	
1717		Triple alliance.	
1718	Banque royale.	Quadruple alliance. — Passarowitz.	
1719	Cⁱᵉ des Indes.		
1720	Peste de Marseille	Paix de Londres.	
1721		Nystadt.	
1723	*Fleury.*	Mort de Pierre Iᵉʳ.	
1725		Alliance de Hanovre.	
1729		Congrès de Soissons.	
1733		Auguste III. — *Succession de Pologne.*	
1738		**Traité de Vienne.**	

1740		Frédéric II : Marie-Thérèse. — *Succession d'Autriche.*	
1741		Nymphenbourg.	
1742		Charles VII.	
1743		Prague.	
1745		François Ier. — *Fontenoy.* Traité de Dresde.	Dupleix.
1746		Culloden.	Prise de Madras.
1748	*Esprit des lois.*	Aix-la-Chapelle.	
1754			Monogahéla.
1756		Traité de Versailles. — Tremblement de terre de Lisbonne.	Port-Mahon.
1757	Damiens.	*Rosbach.*	*Plassey.*
1758		Krefeld.	Lally.
1759		Pombal expulse les jésuites.	Abraham.
1761		Pacte de famille. — Chute de W. Pitt.	Pondichéry.
1763		*Traité de Paris.*	

coûtaient cher aux actionnaires, et fit rappeler Dupleix (1754). *Godeheu* abandonna toutes ses conquêtes (*traité de Madras*).

A cette date les querelles entre les colons de la Nouvelle-France et ceux de la Nouvelle-Angleterre prenaient une tournure sanglante (*Jumonville* tué sur la *Monogahéla*). Pour forcer Louis XV à la guerre, *Boscawen* nous enlève en pleine période de paix des vaisseaux marchands (1755). La *Galissonière* débarque à **Minorque** les troupes du duc de Richelieu, qui enlèvent *Port-Mahon* (1758, *Byng* fusillé par les Anglais). Mais bientôt nos ports furent bloqués par les Anglais, dont on dut repousser les tentatives de descente (à *Saint-Cast*, 1758). Après la défaite de *Conflans* à Belle-Isle (1761), les Anglais occupent cette île.

L'opinion française se désintéresse du sort de nos colonies, tandis qu'en Angleterre le ministère est accusé de trahison s'il ne les défend pas. Les deux compagnies des Indes avaient décidé de rester neutres pendant la Guerre de Sept Ans. Mais *Souradjah-Dowlah*, nabab du Bengale, qui avait fait périr les Anglais de Fort-William (dans le *trou noir*) est battu par **Clive** à **Plassey** (1757). Sous prétexte que le nabab était allié des Français, Clive prend Chandernagor et lutte contre *Bussy*. Louis XV envoie à Pondichéry l'Irlandais *Lally*, brave soldat, mais esprit brouillon, qui fut jalousé par ses lieutenants, mal servi par un amiral incapable (*d'Aché*), trahi par les agents de la Compagnie. Après quelques succès dans le Dékan, il échoue devant Madras (1758) et assiégé dans Pondichéry il est obligé de capituler (1761). Ses ennemis le firent décapiter (1766). Au Canada, **Montcalm**, assiégé dans *Québec* livre contre *Wolfe* le combat d'*Abraham* (1759) : tous deux sont tués, mais le Canada entier est envahi. Après la signature du Pacte de famille, les Anglais occupent Manille et la Havane. La paix de 1763 fut la ruine de notre empire (le Canada, l'Acadie et Cap-Breton ; la Grenade, Saint-Vincent, la Dominique et Sainte-Lucie ; le Sénégal, sauf Gorée ; l'Inde, sauf quatre comptoirs. Dunkerque est encore démolie. L'Espagne rend Minorque et cède la Floride ; la France l'en dédommage par la moitié de la Louisiane).

Formation de l'Empire britannique. — L'Angleterre possède dès lors presque toute l'Amérique du Nord, presque toute l'Inde, plusieurs Antilles, le Sénégal, Gibraltar et Minorque. Déjà elle applique à ses colonies des régimes très divers. Au Canada elle conserve le régime d'administration directe à la française, mais donne au pays plus de liberté commerciale. C'est cette liberté commerciale et la liberté politique qui font la fortune de la Nouvelle-Angleterre (gouvernements à charte, avec assemblées électives à peu près indépendantes dans les colonies puritaines, démocratiques et agricoles du Nord ; gouvernements de propriétaires dans les régions aristocratiques du Sud, grandes plantations à esclaves ; ailleurs, gouverneurs royaux, assistés par des assemblées consultatives). Aux Indes, les pouvoirs politique, militaire, judiciaire sont délégués à une compagnie de marchands, à qui lord Clive fait obtenir les revenus du Bengale et de l'Orissa (accusé de concussion, acquitté, il se tua en 1774). Sa politique a coûté cher à la Compagnie, mais le Parlement la sauve de la banqueroute, et lui impose l'*Act of regulation* (établissement d'un gouverneur général à Calcutta et de trois présidences ; conseil de gouvernement ; cour souveraine, 1774. En 1784 création du *bureau de contrôle*) ; peu à peu le gouvernement surveille l'action politique de la Compagnie. **Warren Hastings**, le plus remarquable des gouverneurs postérieurs à la Régulation, fut poursuivi pour exactions (1788-95). Les Anglais n'eurent plus à lutter que contre le royaume du *Maïssour*, dont les chefs **Hayder-Ali** et **Tippou-Sahib** furent soutenus par les Français, surtout par le bailli de *Suffren*.

VIII

Soulèvement des colonies anglaises. Formation de États-Unis jusqu'en 1787.

Les colonies anglaises d'Amérique, par leurs luttes avec le Canada, avaient été cause de la guerre de Sept Ans ; elles ont profité de cette guerre, puisque la paix de 1763, en enlevant à la France le Canada et une partie de la Louisiane, leur a rendu libre l'accès du Mississipi. Le ministère Grenville jugea donc qu'il était légitime de leur faire payer une partie des frais énormes de cette guerre (la dette de l'Angleterre monte à 2 milliards et demi). Mais au lieu de faire consentir des subsides par chacune des législa-

tures coloniales (suivant les principes de la Déclaration de
1689), il prétendit soumettre directement les colons à l'impôt du timbre (1763), puis à des taxes sur le thé, le verre et
le papier (1767). Une convention réunie à *Boston*, protesta
contre cette violation de la liberté coloniale. Lord North crut
apaiser les colons en ne laissant subsister que l'impôt du
thé ; mais les Bostoniens jetèrent les cargaisons de thé à la
mer (1773), et un congrès se réunit à *Philadelphie* (1774).
Malgré les éloquents efforts du vieux Pitt, les Américains
furent déclarés rebelles. A la lutte pour l'indépendance se
mêle une révolution démocratique. Les *insurgents*, vainqueurs à *Lexington* (1775) assiégèrent *Gage* dans Boston. Le
planteur virginien *George* **Washington**, nommé généralissime, s'empare de Boston et le Congrès proclame l'indépendance des *treize colonies* (4 juillet 1776). Avec des mercenaires allemands, les Anglais prennent New-York, battent
Washington à *Brandywine* ; mais par la victoire de *Garmentown*, il immobilise *Howe*, et une autre armée anglaise, qui
vient du Canada sous *Burgoyne*, capitule à *Saratoga* (1777).

Intervention de la France. — La cause des insurgents
était très populaire en France : nos corsaires luttent contre
les Anglais : les jeunes nobles (**La Fayette**) s'enrôlent avec
la complicité tacite du gouvernement. A la suite du voyage de
Franklin, Vergennes signe un *traité de commerce* avec la
nouvelle république (1778). North essaie vainement de faire
accepter aux colons le *bill conciliatoire*, et l'Angleterre nous
déclare la guerre. Notre flotte s'illustre par d'honorables
combats (Ouessant, la *Belle-Poule*, d'*Estaing* aux Antilles).
L'Espagne, dont la médiation a été rejetée, se joint à la France
en 1779, mais *Rodney* secourt Gibraltar. Clinton s'établit dans
la Caroline, et réussit à repousser d'Estaing à *Savannah*.
Pour résister aux prétentions de l'Angleterre (visite des vaisseaux neutres) Catherine II forme avec Suède, Danemark,
Prusse, Autriche, Portugal, Deux-Siciles, Hollande, une *ligue
de neutralité armée* (1780). L'Angleterre attaque les colonies
hollandaises. — Une armée française, commandée par *Rochambeau*, unie aux volontaires de La Fayette et à Washington, fait capituler une armée anglaise à **Yorktown** (1781),
tandis que Suffren attaque l'Inde anglaise avec l'aide d'Haïder
Ali (voy. ch. VII). Mais *de Grasse* est battu aux Saintes, les
Franco-Espagnols échouent devant Gibraltar (1782). Déjà les
Américains, peu soucieux des intérêts de la France, ouvraient

des négociations séparées à Philadelphie, lorsque Vergennes obtint la signature du **traité de Versailles** (1783) : reconnaissance des **États-Unis**; abandon par le roi d'Angleterre du titre de roi de France et de la clause relative à Dunkerque; restitution à l'Espagne de Minorque et de la Floride, à la France de Pondichéry, Chandernagor, Karikal, Mahé et Surate, Tabago et Sainte-Lucie, Saint-Pierre et Miquelon, Gorée et le Sénégal, droit exclusif de pêche sur la côte Nord-Ouest de Terre-Neuve (modification du traité d'Utrecht).

Constitution américaine de 1787. — La *Convention* de Philadelphie, présidée par Washington, élabore la Constitution de 1787, mise en pratique le 4 mars 1789. Le gouvernement fédéral se compose d'un *président* et d'un *congrès* de deux chambres (Sénat et Représentants) : il a dans ses attributions la paix et la guerre, la diplomatie, la monnaie et les conflits entre États. Le président (suppléé par un *vice-président*) est élu pour 4 ans par un collège spécial où chaque État envoie autant de délégués qu'il a de représentants au congrès. La Chambre est élue pour deux ans (1 député par 30,000 âmes) par tous les électeurs *blancs*. Le Sénat est élu pour six ans par les législatures locales (deux sénateurs par État).

Le président a le pouvoir exécutif, et le droit de refuser sa sanction aux lois (ce droit disparaît si le bill rejeté par le président obtient les deux tiers des voix dans les deux chambres). Il nomme les ministres, qui ne sont responsables que devant lui, et qu'il prend en dehors du Congrès. Il est rééligible, mais Washington ne voulut pas d'une troisième présidence. A la tête de l'organisation judiciaire se trouve une *Cour suprême*. Les treize États conservent leurs législatures indépendantes et leurs institutions particulières; ils sont administrés par des *gouverneurs* qu'ils nomment eux-mêmes.

<h1 style="text-align:center">IX</h1>

<h1 style="text-align:center">La politique orientale.</h1>

Pologne et Turquie jusqu'en 1795. — L'Empire turc était encore immense à la fin du xviie siècle ; après leur défaite de Saint-Gothard, les Turcs avaient repris Candie, ravagé l'Ukraine, menacé en 1683 de prendre Vienne. Mais la reprise de Bude (1686) inaugure les victoires autrichiennes; les Turcs, que la France ne peut plus soutenir, se trouvent devancés dans la voie du progrès militaire par leurs voisins, surtout par le prince Eugène. Par la paix de *Carlowitz* (1699) ils cèdent à l'Autriche la Transilvanie au nord du Maros, la Hongrie au Nord de la Save, ils rendent aux Polonais la Podolie, Azof aux Russes, la Morée aux Vénitiens (*Morosini* avait bombardé le Parthénon); pour la première fois la puissance ottomane recule. Les Transilvains et les Hongrois essaient en vain d'échapper, avec l'appui de la France, au joug de l'Autriche comme à celui de la Porte (Rakoczy). Pendant la guerre d'Espagne, les Turcs reprennent Azof et Corinthe, mais les victoires d'Eugène (*Peterwardein*, 1716) leur enlèvent Temesvar, Belgrade, la Valachie (1718, *paix de Passarovitz*); ils ne recouvrent que la Morée.

Mais dès que la Russie est devenue une puissance, elle rêve de s'ouvrir une porte sur l'Europe, une route vers les mers chaudes qui ne gèlent jamais. Le tsar blanc, héritier religieux de l'empereur byzantin, protecteur des Églises orthodoxes, considère que Constantinople lui est réservée par le destin (pour Pierre Iᵉʳ, voy. ch. III). Catherine II ne cesse de nourrir cette pensée. Son principal but est Constantinople. Lorsque *Vergennes* eut poussé la Porte à défendre la Pologne (1768), les Russes occupèrent la Moldo-Valachie et la flotte turque fut brûlée dans la baie de *Tchesmé* (1770). Chef de la religion orthodoxe en Russie, Catherine essaya de soulever les Grecs. A *Kaïnardji* (1774) elle força les Turcs à reconnaître l'indépendance (protectorat russe) des Tartares de Crimée, à lui accorder la libre navigation de la mer Noire, à lui céder Azof et Taganrog, elle obtint de plus une amnistie pour les Grecs rebelles et une sorte de protectorat sur la Moldo-Valachie. Elle profita de la paix pour occuper toute la Crimée (où elle construit Sébastopol) et le Kouban, pour protéger, au sud du Caucase, la Géorgie, et dès lors elle ne cache plus ses projets sur Constantinople (voyage triomphal à Kherson, 1787, médailles, projets de partage). Le sultan déclara la guerre à la Russie et à l'Autriche. Après quelques échecs, les alliés passèrent le Danube et Souvarof prit *Ismaïlia*. L'intervention de la Prusse et des puissances maritimes (*Reichenbach*, 1790) força l'Autriche à accepter la paix de *Sistova* (1791, elle garde Orsova et une partie de la Croatie) et Catherine celle de **Iassy** (1792, garde Oczakof, la Crimée et le Kouban).

Partages de la Pologne. — La politique de Catherine II en Turquie avait été tantôt servie, tantôt contrariée par les affaires polonaises. La république anarchique de Pologne (rois électifs, *liberum veto*, chevalerie) ne pouvait échapper à l'influence de ses puissants voisins, Prusse, Autriche, Russie ; pour se sauver, il lui aurait fallu constituer une royauté héréditaire et forte, militairement organisée, au profit de la maison de Saxe. Catherine au contraire voulait maintenir la vieille constitution, mettre sur le trône un prince polonais, un de ses favoris (*Stanislas-Auguste Poniatovski*), de façon à établir sur la Pologne entière son protectorat ; elle y intervient en 1768 sous prétexte de défendre les dissidents (orthodoxes et luthériens) contre l'esprit persécuteur des Polonais (*confédération de Bar*, 1768). Mais à une Pologne protégée par la Russie, Frédéric préfère une Pologne partagée entre Catherine et lui (un territoire polonais entre Berlin et Kœnigsberg) ; Marie-Thérèse, malgré ses scrupules, réclame une part équivalente (voyage du prince *Henri* de Prusse à Pétersbourg, entrevue de Frédéric et de *Joseph II* à *Neisse*. Résistances polonaises, *Oginski*, les Français *Dumouriez* et *Choisy*). Par le traité de 1772 (ratifié par la diète, 1773) la Russie prend le pays à l'est de la Dwina, l'Autriche la Galicie, Frédéric une partie de la grande Pologne et la Pologne prussienne (sauf Thorn et Danzig). En 1791, la Pologne ayant essayé de modifier sa constitution (suppression du *liberum veto* ; le pouvoir remis à un roi héréditaire, au *Sénat* et aux *nonces*), Catherine et Frédéric-Guillaume II procédèrent à un second partage : Lithuanie, Podolie — Thorn et Danzig. Assemblée de Grodno). Catherine détournait vers la France l'attention de ses alliés, et prétendait régler seule le sort des *jacobins de Varsovie*. **Kosciusko** essaya de soulever la population contre les Russes (*Raslavice*, 1794 ; battu par Souvarof à *Maciejovice* ; prise de *Praga*). L'Autriche et la Prusse intervinrent et s'entendirent pour supprimer le royaume de Pologne (1795 : l'Autriche a Sandomir et Lublin, la Prusse Varsovie, la Russie garde le reste). — Catherine II meurt en 1796.

X

Caractères généraux du XVIIIe siècle.

Tandis que le xviie siècle nous apparaît, du moins dans son ensemble, comme un siècle d'autorité et de foi — d'autorité monarchique et de foi religieuse — le xviiie siècle (entendez la période postérieure à 1715) est une époque d'incrédulité, de critique, d'indépendance hardie. Toutes les idées sont passées au crible de la raison ; institutions, croyances, tout est examiné sans respect. Au milieu de ce tumulte intellectuel s'édifient la plupart des idées dont vit le monde actuel, les idées qui ont inspiré la Révolution française : idée du prix de la vie humaine ; de la liberté originelle, de l'individu, de la bonté originelle de l'homme, de l'égalité de droit entre tous les hommes : idée que les gouvernements sont faits pour les peuples et non les peuples pour les gouvernements ; idée de la tolérance religieuse ; idée de la souveraineté de la raison. C'est une réaction générale contre l'ancien régime et contre l'Église.

Dans cette bataille, l'une des premières places appartient à la France. C'est la verve étincelante de nos écrivains qui ébranle le plus rudement le vieil édifice. Ce sont nos cercles littéraires et philosophiques qui, après s'être fournis d'arguments dans la libérale Angleterre, répandent à travers l'Europe l'esprit nouveau. Ce grand siècle est un siècle français.

La société française. Les salons. Les financiers. — La cour est remplacée par les salons. La vie y est brillante et gaie. Les principaux passe-temps sont la tapisserie, le parfilage, la comédie, mais surtout la conversation sur tous sujets, philosophie, histoire, politique. Au début du siècle les beaux esprits se réunissaient au *Temple* et à l'*Entresol* ; ce dernier club fut dissous par Fleury. *D'Holbach* reçoit les étrangers : Hume, Beccaria, Galiani, Franklin, Priestley, etc. Mme *de Tencin* réunit les jésuites. Mme du *Deffand*, aveugle, est l'amie d'*Horace Walpole* et de Voltaire ; Mlle *de Lespinasse* celle de d'Alembert. Mme *d'Epinay* protège longtemps Jean-Jacques Rousseau. Beaucoup de ces salons appartiennent à la finance, comme ceux des *Dupin (Chenonceaux)*, d'*Helvétius*, de *la Popelinière*, surtout celui du grand banquier genevois *Necker*, où l'on vient admirer et écouter Mᵐᵉ Necker et sa fille (la future Mᵐᵉ de Staël) et dont Bernardin de Saint-Pierre est l'hôte assidu. Il semble que fermiers-généraux et banquiers, enrichis par les bénéfices qu'ils réalisent sur l'impôt, par les prêts usuraires qu'ils consentent à un Trésor toujours obéré, veuillent faire oublier l'origine de leur fortune en protégeant les *philosophes* et en travaillant au « progrès des lumières ». Une simple bourgeoise, Mᵐᵉ *Geoffrin*, tient aussi un salon très fréquenté. Les dames s'occupent de science, elles suivent le cours du chimiste *Rouelle*. Mᵐᵉ *du Châtelet* fait de l'astronomie, Mᵐᵉ *de Coigny* dissèque. Les salons affichent l'incrédulité (les abbés de salon), l'amour du peuple, l'esprit frondeur. A tout cela s'ajoute, sous l'influence de Rousseau, la sensibilité et une passion factice pour la nature, mais pour une nature ornée et séduisante (Marie-Antoinette et le *Petit Trianon*).

Au-dessous des salons sont les *cafés*. Les premiers s'ouvrent à Paris vers 1671, et remplacent les cabarets (le chevalier de *Clieux* importe le café de Bourbon aux Antilles). Il y en a déjà 300 à Paris vers 1720. Ce sont les centres des discussions littéraires, philosophiques et politiques (café *Procope*) ; les grands écrivains ne dédaignent pas d'y fréquenter.

Les lettres et les arts, les sciences, les idées philosophiques et économiques. — La littérature devient une arme entre les mains des partis. Montesquieu attaque le système de Louis XIV dans les *Lettres persanes* (1721), il recherche les vrais principes du gouvernement et fait l'éloge de la constitution anglaise dans l'*Esprit des lois* (1748). *Arouet*, dit Voltaire, va aussi chercher en Angleterre (*Lettres anglaises*) les idées de tolérance et d'indépendance qu'il exprime dans le *Brutus*, la *Mort de César*, la *Henriade* ; il correspond avec Catherine, vit à la cour de Frédéric II, se brouille avec lui. Pour n'avoir rien à craindre du gouvernement français, il se retire à *Cirey*, chez le bon Stanislas, puis à *Ferney* près de Genève. Il se montre grand historien dans son *Siècle de Louis XIV* et dans son *Essai sur les mœurs*. Il jouit d'une renommée universelle (son triomphe à Paris en 1778); le *patriarche de Ferney* se pose en apôtre de la tolérance (affaire de Calas, la Barre, Lally) ; il est l'ennemi acharné de l'Église (*écrasez l'infâme !*). Le Genevois *Jean-Jacques* Rousseau, nature ardente et passionnée, se sépare de Voltaire et des *philosophes* dans ses *Discours*, dans l'*Émile*, dans le *Contrat social* ; il retrouve les sources profondes de l'émotion dans la *Nouvelle Héloïse* et les *Confessions* (influence du roman anglais : *Richardson*).

Le goût des recherches scientifiques tient une grande place dans les esprits. La science est illustrée en Angleterre par les admirables travaux d'*Isaac* **Newton** dont le système est répandu en France par Voltaire. Buffon (*Histoire naturelle, Époques de la nature*) écrit pour la première fois une histoire scientifique de la création. Le Suédois **Linné** et le Français *de Jussieu* fondent la botanique, et vers la fin du siècle **Lavoisier** créera une science nouvelle, la chimie, et trouvera définitivement la vraie méthode des sciences expérimentales. *Volta* et *Galvani* vont poser les principes de l'électricité. *Réaumur* construit le thermomètre. *Clairault*, d'*Alembert*, *Maupertuis* perfectionnent l'analyse mathématique et déterminent la mesure du degré du méridien.

La science, désormais soumise au contrôle de l'opinion, recherche les applications utiles et bienfaisantes (l'abbé de l'*Épée* et les sourds-muets, *V. Haüy* et les aveugles, *Pinel* et les fous, *Jenner* et la vaccine, *Parmentier* et la pomme de terre. *De Jouffroy* essaie la navigation à vapeur. **James Watt** en Angleterre. *Franklin* trouve le paratonnerre).

Par le mot de *philosophes*, on entend alors des savants ou demi-savants qui vulgarisent la science, combattent la crédulité et même la religion, et font la critique de la connaissance. **Diderot** et **d'Alembert** les réunissent dans une œuvre commune, où s'exprime toute la pensée des **novateurs**, l'Encyclopédie (1751-77). Ce dictionnaire est vraiment le manifeste de la faction philosophique, le bélier qui va battre en brèche l'ancien régime politique, social, religieux. Les exagérés du parti, d'*Helvétius*, d'*Holbach* défendent l'athéisme matérialiste. *Condillac* formule la philosophie nouvelle, fondée sur l'analyse des sensations et des idées, l'*idéologie*.

Cette méthode s'applique en particulier aux questions relatives à la richesse des nations. *Quesnay* fonde la doctrine dite des *physiocrates* (la terre origine de toute richesse) ; *Gournay* montre l'importance du travail. L'économie politique est définitivement formulée par *Adam* **Smith** et par **Turgot**, qui réclament la liberté du travail et des échanges.

Les arts peignent surtout le côté frivole de cette période, le goût de variété, de fantaisie, de légèreté souvent mièvre qui succède à la majesté du grand siècle (l'architecte *Gabriel*. — Sculpture : les *Coustou. Pigalle. Houdon.* — Peinture : *Watteau, Vanloo, Fragonard, Vernet, Boucher, Greuze.* — Ameublement Louis XV. — Décadence de la musique française après *Rameau*. Lutte entre la musique italienne, *Piccini*, et l'allemande, *Glück*).

Les livres, la presse. — Quelques livres eurent une vogue considérable : l'*Encyclopédie*, d'abord autorisée par Mᵐᵉ de Pompadour, puis interdite et de nouveau permise (les livres défendus paraissent avec un nom de ville étrangère ; littérature clandestine) : l'*Héloïse*, que l'on trouvait dans tous les boudoirs. Mais les écrits périodiques prennent une place toute nouvelle. A la *Gazette de France* (créée au XVIIᵉ siècle par *Théophraste Renaudot*) se sont ajoutés le *Mercure de France*, le *Journal des Savants*, le *Journal de Trévoux* (jésuites), les *Nouvelles Ecclésiastiques* (jansénistes), etc. — Suisse : *Journal Helvétique, Bibliothèque italique, Lettres écrites de la campagne, Lettres populaires.* — Hollande : *Journal de la Haye, Journal de Hollande, Gazette de Leyde*, etc. — Angleterre : *Spectator (Addison), Gentleman's Magazine, Public advertiser*.

Le despotisme éclairé. — La langue française est alors universellement répandue dans la société éclairée (question mise au concours par l'Académie de Berlin en 1789, mémoire de *Rivarol*. Frédéric II écrivain français, etc.). L'émigration protestante, la création des Académies ont favorisé la diffusion de nos idées, et l'esprit *encyclopédique* règne sur le continent. En politique il aboutit à la théorie du *despotisme éclairé :* un roi maître absolu de ses sujets, mais qui se considère comme leur délégué, et qui se croit tenu de faire leur bonheur.

Charles III en Espagne. — Don Carlos, devenu *Charles VII*, roi des Deux-Siciles, et son ministre *Tanucci*, réduisent à un seul code les onze législations du royaume, font un concordat avec le pape et bannissent les jésuites, répriment le brigandage, soumettent la noblesse, embellissent Naples et fondent l'*Académie d'Herculanum* (fouilles de *Pompéi*, 1755). Devenu *Charles III* d'Espagne en 1759 (sous Philippe V, *Patinho* refait la flotte ; sous Ferdinand VI, réformes du marquis de la *Ensenada*) et aidé par le comte d'*Aranda*, il expulse les jésuites et réduit la puissance de l'Inquisition. *Campomanès*, puis *Florida Blanca* relèvent l'agriculture en faisant des canaux et des routes, en établissant des colons allemands dans les régions incultes. Le commerce des grains est rendu libre. On crée de grandes manufactures, *la banque Saint-Charles*, etc., et la noblesse est attirée vers l'industrie. La population passe de 7 à 11 millions.

Pombal en Portugal. — *Joseph Carvalho de* Pombal, ministre de *Joseph I*^{er} de Portugal est un élève des économistes. A la suite d'un complot des jésuites, il les expulse en 1759 (mort du P. *Malagrida*) et écrase les résistances des nobles. A la suite du tremblement de terre de Lisbonne (1756 ; 30.000 victimes), il reconstruit la ville, établit un système protecteur pour lutter contre l'industrie anglaise, développe l'instruction, l'agriculture, l'armée, les colonies (compagnies de commerce, terres données aux nobles, etc.). Il fut exilé par le parti des jésuites en 1777.

Léopold de Toscane et Beccaria en Italie. — Le second fils de l'empereur François, *Léopold*, fait faire des travaux de dessèchement dans les Maremmes, développe la petite propriété, et supprime la peine de mort. Le roi de Sardaigne autorise le rachat des droits féodaux. Les idées nouvelles sont surtout représentées en Italie par **Beccaria**, auteur du *Traité des délits et des peines* (1764) et professeur d'économie politique à Milan.

Gustave III en Suède. — Depuis Charles XII, la royauté n'a plus que la présidence des États, divisés en deux partis (*chapeaux et bonnets*) ; la Suède perd la Finlande (*Abo*, 1743) et joue un rôle effacé dans les guerres européennes. *Gustave III* s'appuie sur l'armée pour faire le coup d'État de 1772 ; il rétablit la puissance monarchique et limite le pouvoir des États. Il supprime la torture, crée des hôpitaux, établit la liberté des grains, attire des ouvriers pour exploiter les mines, et fonde une Académie. Esprit chevaleresque et ardent, il se laissera mettre par son ancienne ennemie Catherine (paix de Verele, 1790) à la tête de la croisade des rois contre la Révolution, mais sera tué par ses nobles — Une révolution analogue à celle de Gustave est accomplie en Danemark par *Struensée* (décapité en 1772).

Nous avons déjà étudié les deux plus célèbres — la plus heureuse et la plus malheureuse — applications du despotisme éclairé : l'œuvre de Frédéric II en Prusse ; la tentative joséphiste pour établir le centralisme autrichien.

L'administration des intendants. — C'est la théorie du despotisme éclairé qui est mise en pratique, dans les provinces françaises, par les intendants. Investis d'attributions mal définies, mais de pouvoirs à peu près illimités, ils brisent toutes les résistances locales, tiennent en échec toutes les autorités traditionnelles, Parlements, États, villes, clergé. Mais ce despotisme, ils essaient souvent d'en user pour le bien de tous, d'en faire un despotisme paternel. Ils ouvrent des routes, dessèchent des marais, expérimentent des cultures nouvelles, créent des sociétés d'agriculture, des ateliers de charité, introduisent des industries dans le pays. Devant l'apathie et l'égoïsme des pouvoirs locaux, leur action, pour autoritaire qu'elle soit, n'en est pas moins, somme toute, bienfaisante. Ils cherchent souvent à corriger les inconvénients du système fiscal. Quelques-uns de ces intendants, de Tourny en Guyenne, de Blossac en Poitou, de Montyon en Auvergne ont laissé un nom justement révéré. C'est dans l'intendance de Limoges que Turgot se forma et donna d'abord sa mesure. Mais, tout puissants pour le bien, les intendants ne le sont pas moins pour le mal. C'est à eux surtout que l'on doit la centralisation de l'ancien régime. Aussi cette institution était-elle généralement détestée (on en voulait surtout à leurs subalternes, *subdélégués* et secrétaires) et presque tous les *cahiers* demanderont qu'on la supprime.

DEUXIÈME PARTIE : 1774-1815

I

Louis XVI. La crise financière.

Le petit-fils de Louis XV, roi à 20 ans (1774), était animé d'intentions excellentes, mais faible, entouré par la coterie religieuse qui avait soutenu son père le Dauphin, coterie hostile au *parti autrichien* (la jeune reine *Marie-Antoinette* et *Choiseul*).

Louis ne veut pas de Choiseul ; mais s'il prend pour ministre le frivole Maurepas, il lui donne pour collaborateurs *Vergennes, Malesherbes* et **Turgot**. L'opinion est gagnée par l'abandon du droit de *joyeux avènement* et par le rétablissement des anciens parlements (querelles entre les *revenants* et les conseillers nommés par Maupeou).

Turgot, déjà connu par ses écrits d'économie politique et par une bienfaisante intendance en Limousin, puis ministre de la marine et contrôleur général, veut éviter à la fois la banqueroute, les emprunts et les impôts nouveaux. Son vaste plan, celui des économistes, comprenait l'égalité devant l'impôt, l'affranchissement du commerce et de l'industrie, la diffusion de l'instruction, la création d'assemblées communales, provinciales, nationale (*municipalités*) qui représenteraient la richesse foncière (doctrine des *physiocrates*). Il commença par autoriser la *liberté du commerce des grains* (1774), puis il remplaça la *corvée* par un impôt en argent payé par tous les propriétaires (1776), et supprima les *jurandes* et *maîtrises*. Tous les intérêts menacés se coalisèrent contre lui : les compagnies qui accaparaient les blés suscitèrent une émeute (*guerre des farines*, 1775) ; les privilégiés sont indignés

d'être soumis à l'impôt, et les parlementaires, atteints dans
leur fortune privée, oublient leurs belles protestations d'a-
mour du peuple et s'opposent à la suppression des corvées ;
l'oligarchie bourgeoise ne veut pas de la liberté du travail
industriel. Le roi soutient d'abord son ministre et fait enregistrer les édits dans un lit de justice ; mais il est faible, il
écoute les calomniateurs, et renvoie Turgot le 12 mai 1776.
— *Malesherbes*, qui déjà n'était plus ministre, avait essayé
de rendre la presse plus libre, de rétablir la tolérance en faveur des protestants, d'abolir les lettres de cachet.

L'incapacité des successeurs de Turgot, puis la nécessité
de trouver de l'argent pour la guerre d'Amérique, furent
cause qu'on fit appel à un habile banquier genevois **Necker**,
qui avait plus d'une fois secouru le Trésor. Protestant, il ne
fut nommé que *directeur* des finances. Il recourut aux emprunts, mais il tâcha de les rendre moins onéreux en s'a-
dressant directement au public et en inspirant confiance
dans le crédit de l'État. Pour rapprocher la nation du gouvernement, il veut établir des assemblées provinciales (essais
dans le Berri et la Haute-Guyenne). Pour faire connaitre à
tous le véritable état des finances, il publie en 1781 le
compte rendu. Mais les courtisans ne lui pardonnèrent pas
d'avoir révélé le chiffre de leurs pensions. Maurepas en **tête,**
ils obtinrent le renvoi de l'auteur du *conte bleu.*

Les privilégiés n'avaient voulu ni d'un ministre énergique ni d'un banquier honnête ; il fallut recourir aux faiseurs. *Calonne* (1783) cherche à inspirer confiance à force de
prodigalité. Ce protégé de la reine ne refuse rien à personne,
mais en trois ans il épuise les dernières ressources du trésor, et en est réduit à convoquer une *assemblée des notables*
(1787) à qui il demande de voter une *subvention territoriale.*
Le roi le remplace par l'archevêque de Toulouse, *Loménie
de Brienne.* Celui-ci dissout les notables (quelques-uns d'entre eux avaient réclamé la réunion des États généraux et
La Fayette celle d'une *assemblée nationale*), et reprend le
plan de Necker sur la création des assemblées provinciales.
Mais il faut, pour forcer le Parlement à enregistrer l'impôt
du *timbre* et la subvention territoriale, un lit de justice,
l'exil à Troyes. etc. Le Parlement, qui défendait pourtant
surtout ses privilèges, fut alors très populaire. Il refuse

d'enregistrer un emprunt de 420 millions : cette fois le lit de justice est suivi d'un coup d'État et de plusieurs arrestations (Esprémenil et Montsabert). Brienne enlève aux Parlements le droit d'enregistrement, qu'il transporte à des *cours plénières* (1788). Atteints dans leur puissance politique, les parlementaires organisent de véritables révoltes, surtout dans les pays d'États (soulèvements à Rennes, à Pau, journée des Tuiles, à Grenoble).

On rappelle alors Necker, qui, cette fois, est nommé contrôleur général et obtient en faveur de ses coreligionnaires un édit qui leur accorde l'*état civil*. Mais il est trop tard pour combler le déficit et pour éviter la banqueroute, sans faire appel à la nation. Brienne avait promis d'appeler les **États généraux** : Necker convoque les électeurs le 1ᵉʳ janvier 1789. Les États ne s'étaient pas réunis depuis 1614. Necker essaie vainement de faire décider par une seconde *assemblée des notables* que le Tiers-État aura autant de députés que les deux autres réunis.. Le 24 janvier il ordonne ce *doublement*, et les États (sur l'élection, voy. ch. III ci-après) se réunissent à Versailles le 5 mai).

II

La France en 1789.

Les rois et le peuple ont fait la France. En 1789, le royaume s'étend jusqu'à nos frontières actuelles, moins *Avignon* et le *Comtat* (au Pape), *Nice* et la *Savoie* (au roi de Sardaigne), *Montbéliard* (au duc de Wurtemberg). Il contient en plus : l'*Alsace* (sauf Mulhouse, qui est république), toute la Lorraine avec *Philippeville* et *Marienbourg*, *Bouillon*, *Sarrelouis*, *Landau*. Il possède au dehors le *Sénégal*, les *Mascareignes*, les *Seychelles*, les comptoirs de l'*Inde*, *Saint-Pierre et Miquelon*, et, outre nos colonies actuelles des Antilles, *Tabago*, *Sainte-Lucie*, et une partie de *Saint-Domingue*.

Depuis le xviᵉ siècle surtout, la royauté a cherché à niveler toutes les classes de la nation et à centraliser entre ses mains tous les pouvoirs. Malgré ses efforts, de nombreux souvenirs du passé existent encore. On donne à ce système, définitivement organisé par Richelieu et Louis XIV et que la Révolution détruira, le nom d'*ancien régime*.

La royauté est *héréditaire* de mâle en mâle, par ordre de primogéniture ; dans la maison de Bourbon, branche des Capétiens. Aucune **constitution** écrite ne limite les pouvoirs du roi qui, en théorie, les a tous. Il est le chef militaire de la nation, il décide la paix et la guerre ; il exerce le pouvoir législatif en promulguant des *ordonnances*. De lui émanent toutes les autorités judiciaires. Il exerce un *domaine éminent* sur les biens de ses sujets. Il peut disposer des fonds du Trésor public en signant un *acquit au comptant*, faire entrer un de ses sujets dans une des prisons d'État en signant une *lettre de cachet*. La cérémonie du sacre lui confère un caractère sacré, il est roi du *droit divin*.

En fait, sa puissance est limitée par l'existence de corps constitués Les **États généraux** représentent les trois ordres, mais ils n'ont pas été réunis depuis 1614. Les *notables* ne forment jamais qu'un corps consultatif, dont les membres sont nommés par le roi. L'*Assemblée générale du clergé*, réunie tous les cinq ans, ne s'occupe que des affaires de cet ordre. Le **Parlement** de Paris, cour de justice, mais démembrement de l'ancienne cour du roi, se sert du droit *d'enregistrement* et de *remontrances* pour résister aux tendances absolutistes ; il s'appuie sur les autres Parlements ; mais **Louis XV** leur a interdit de se considérer comme une confédération (système des *classes*), et le roi, par un *lit de justice*, peut les forcer à enregistrer ses édits. Quelques provinces seulement ont gardé leurs **États** particuliers : Flandre, Artois, Hainaut et Cambrésis, Bourgogne, Dauphiné, Provence, Languedoc, Bretagne, Béarn, Navarre, Labourd, Soule, Bigorre, comté de Foix, etc., toutes provinces réunies entre le xve et le xviie siècles. Necker a essayé de créer des *assemblées provinciales* (1778), mais qui n'ont guère fonctionné qu'en Berri, Haute-Guyenne et Dauphiné. Les sujets n'ont ni la *liberté de conscience* ni la *liberté de la presse*.

Si rien ne garantit efficacement la liberté du sujet contre l'arbitraire du gouvernement, la royauté n'a pu établir l'*égalité* et supprimer les *privilèges*. Sur une population d'environ 25 millions de Français, on compte 270.000 à 300.000 *privilégiés* (prêtres et nobles), exempts de certains impôts, soumis à des lois civiles et pénales particulières. Les habitants des villes sont des privilégiés à l'égard de ceux des campagnes, et l'inégalité existe dans l'intérieur même de chaque ordre (voy. plus bas). Elle se retrouve entre les provinces (voy. les *impôts*), dont les privilèges sont inscrits dans les testaments, contrats, traités qui les ont réunies à la couronne (la Navarre est un *royaume*) ; elles sont isolées les unes des autres par des *douanes* intérieures.

La cour, le gouvernement et l'administration. — Autour du souverain, à Versailles, à Fontainebleau, etc., aux Tuileries, rarement au Louvre, les premiers parmi les privilégiés forment la cour. Ils y occupent les charges de *grand-aumônier*, de *grand-maître de France*, de *grand-maître de la garde-robe*, de *gentilshommes de la Chambre*, de *grand-écuyer*, de *grand-veneur*, de *grand-maître des cérémonies*, etc. ; ils remplissent des fonctions de haute domesticité, présentent au roi le bougeoir, la chemise, etc. : ils touchent des *pensions* inscrites par le roi lui-même sur le *Livre rouge*. La *maison civile* comprend près de 4.000 personnes (il y a 38 écuyers, 217 voitures, 1857 chevaux ; la chasse coûte douze cent mille livres par an). La *maison militaire* est une armée de 10.000 hommes : infanterie, cavalerie, gardes du corps, Suisses, Cent-Suisses, gardes de la porte, etc. Ajoutez la *maison* de la reine (496 charges), de Mesdames, des princes et princesses du sang. Les *courtisans* exercent une action considérable sur le gouvernement, obtiennent des places pour eux et les leurs.

Le roi gouverne avec ses ministres. Le *chancelier*, chef de la justice, est nommé à vie, mais ses fonctions peuvent être dévolues à un *garde des sceaux* révocable. Il y a quatre *secrétaires d'État* chargés de la maison du roi, de la guerre, de la marine, des relations extérieures, et un *contrôleur général* des finances. Ces six ministres, et d'autres personnes, peuvent recevoir le titre de *ministres d'État*.

Ces derniers forment le Conseil *d'en haut*, ou *conseil étroit*. Le *Conseil d'État* a une compétence et une composition variable suivant les jours de la semaine : le mardi, sous le nom de *conseil des dépêches*, il examine les affaires intérieures ; les mercredi et jeudi, il est *conseil des finances* ; le samedi il forme le *Conseil des parties*, sorte de tribunal des conflits. Le *Grand Conseil* revise les arrêts des Parlements.

La France est divisée en 38 gouvernements militaires. Mais les gouverneurs, choisis dans la haute noblesse, résident le plus souvent à la cour, et n'exercent aucun pouvoir réel. La vraie division est celle en *généralités* financières, qui ne concordent pas toujours avec la précédente. On compte 35 généralités, dont plusieurs établies dans les pays d'États, et qui portent le nom de leur ville principale. A la tête de chacune est un **intendant**. Choisis dans la noblesse de robe, les intendants, depuis Richelieu, ont fini par accaparer toutes les fonctions administratives et tous les pouvoirs, surtout **en** dehors des pays d'États. Leurs attributions sont plus nombreuses et leur puissance s'exerce sur un territoire plus étendu que celles de nos préfets (voy. 1re partie, ch. X). Le ressort administratif (ou *intendance*) se confond généralement avec le ressort financier (ou *généralité*). L'intendant nomme des *subdélégués*, dont les circonscriptions (*subdélégations*) existent simultanément avec les divisions financières de la généralité (*élections*), dans les provinces qui ne sont **pas** pays d'États. Les vieilles divisions, *bailliages, vigueries, prévôtés*, etc., n'ont pas disparu. Dans toutes les villes, les maires, les échevins, consuls, etc. sont nommés par le roi depuis la fin du xviie siècle.

Finances, justice, armée. — L'inégalité éclate surtout dans le système des impôts. La taille ou impôt foncier pesait quelquefois sur les seules terres roturières (*taille réelle*), mais plus souvent sur tous les biens possédés par un taillable (*taille personnelle*). Comme tous les privilégiés, les titulaires de certaines charges vénales, les bourgeois de plusieurs villes étaient exempts de taille, tout le faix (plus de 90 millions de livres) retombait sur les plus pauvres. Dans les pays d'État, les États votaient l'impôt et en faisaient la répartition. Dans les vingt généralités de *pays d'élections* (qui contenaient 375 élections), la répartition était confiée aux fonctionnaires créés autrefois par les États de 1355, et qui avaient conservé le titre d'*élus*, bien que depuis 1372 ils fussent nommés par le roi. Dans les sept *intendances*, l'intendant était généralement chargé de la répartition. La perception de la taille était confiée dans chaque paroisse à un *collecteur*. — A la taille s'ajoutait la **capitation**, ou impôt personnel, proportionnel à la fortune des contribuables divisés en vingt-deux classes ; mais le clergé, les parlements, les nobles, les privilégiés avaient obtenu pour eux la suppression ou l'adoucissement de cette taxe. Il en était de même du vingtième, impôt sur le revenu créé par Machault, et des second et troisième vingtièmes.

Les principaux impôts indirects (sur la vente des boissons et denrées) ou aides étaient, depuis 1720, donnés à bail à une association de financiers connue sous le nom de *ferme générale*. Les quarante fermiers généraux se faisaient avancer une partie du prix des fermes par des *croupiers*. Ils percevaient aussi les droits sur les tabacs, les octrois de Paris, les gabelles, etc. Les gabelles (impôt sur le sel et vente forcée) n'avaient ni la même forme ni le même taux dans les *pays de salines*, dans les *pays rédimés, pays de franc-salé, petites* et *grandes gabelles*. — A ces impôts s'ajoutent les douanes intérieures (depuis Colbert, 12 provinces avaient formé une union douanière; mais en dehors subsistaient les provinces *traitées comme pays étrangers* et les *provinces étrangères*).— Les comptes étaient vérifiés par la **chambre des comptes** de Paris, plus dix chambres dans les provinces. Les **cours des aides** jugeaient les procès relatifs aux impôts. Il y avait un *bureau des finances* dans chaque généralité.

La justice était rendue par le **Parlement** de Paris, divisé en sept chambres, et par les douze parlements provinciaux. Le ressort de Paris comprenait 10 millions de justiciables, celui de Pau 250 000 seulement. Ajoutez-y les *conseils souverains* de Colmar, d'Artois, de Perpignan, de Corse. Le Parlement de Paris pouvait être constitué en *cour des pairs* par l'adjonction des sept pairs ecclésiastiques, et des quarante-trois ducs et pairs. — Les charges de judicature, vénales et héréditaires, conféraient à leurs titulaires la *noblesse de robe*. — Sous les parlements siégeaient les *présidiaux* (à Paris *tribunal du Châtelet*) qui jugeaient en première instance, plus les bailliages ou sénéchaussées et les prévôts des maréchaux. — Dans les pays de *droit écrit* (au midi) la justice était rendue d'après les lois romaines; dans les pays de *droit coutumier*, les coutumes variaient de province à province. Louis XVI avait supprimé la torture (*question* préparatoire abolie, question préalable provisoirement suspendue), mais les roturiers étaient encore pendus tandis que les nobles avaient la tête tranchée. Il n'y avait pas de jury.

L'armée, composée de régiments qui portaient en général des noms de provinces, se recrutait par le système des *racolements*. Elle comprenait de nombreux régiments étrangers Les grades étaient achetés et depuis l'édit de 1781, il fallait quatre quartiers de noblesse pour être sous-lieutenant. Les *milices* étaient recrutées par le tirage au sort. La marine était alimentée par l'inscription maritime.

L'état social. — La nation était essentiellement divisée en trois ordres. — Le clergé formait un corps distinct dans la nation. Il possédait, sous le nom de *biens de main-morte*, près du cinquième des terres du royaume. Il était exempt de presque tous les impôts, mais offrait au roi, tous les cinq ans, dans son Assemblée générale, *un don gratuit*. Les évêques étaient nommés par le roi, d'accord avec le pape. La France était divisée en 18 archevêchés, subdivisés en cent vingt-et-un diocèses, de grandeur très inégale (évêchés d'Aleth, de Saint-Paul-Trois-Châteaux, de Comminges, etc.). Des archevêques français avaient des suffragants hors du royaume, en Savoie, en Suisse, aux Pays-Bas. Des évêques français étaient suffragants de Trèves, de Mayence, de Gênes, de Pise. — Pour la collation des bénéfices et des cures, il y avait souvent conflit entre les divers patrons des églises et abbayes : pour la perception des *régales*, conflit entre le roi et le pape. Le Parlement défendait obstinément les droits du roi et les *libertés de l'Église gallicane*. On reprochait au clergé l'immoralité de certains de ses membre, son intolérance et le peu de soin qu'il apportait à l'instruction publique. Les 24 *universités* étaient en décadence.

Si le haut clergé avait des revenus immenses qu'il venait dépenser à la cour, le bas clergé, réduit à la *portion congrue*, se plaignait amèrement de sa misère. — En 1788, les *protestants* ont obtenu l'état civil.

La noblesse, conservée par le *droit d'ainesse*, la possession des *fiefs*, l'admission aux charges militaires, ne prenait presque aucune part au gouvernement de l'État. La haute noblesse vivait à Versailles de ses revenus fonciers et des libéralités du roi. La petite noblesse de province, condamnée à l'oisiveté, végétait péniblement sur ses terres. A côté de la *noblesse d'épée* existait la *noblesse de robe* (Parlements) et la *noblesse de cloche* (magistrats municipaux).

On confondait sous le nom de **Tiers-État** un assemblage de classes différentes. La bourgeoisie des villes était maîtresse héréditaire du commerce et de l'industrie grâce à l'organisation des *corporations* qui maintenaient les prix élevés, empêchaient la concurrence et arrêtaient l'esprit d'invention. Les *compagnons* ou ouvriers n'avaient ni la liberté du travail, ni le droit de débattre leurs salaires.

Les roturiers des campagnes étaient soumis à tous les impôts d'Etat et à la *corvée* des chemins. De plus, ils payaient la *dime* au clergé et les *droits féodaux* au seigneur. Le servage avait disparu (sauf une exception locale), mais les terres étaient toujours sous le régime féodal. Beaucoup de paysans étaient déjà devenus propriétaires (près de quatre millions), mais ils n'en sentaient que plus vivement le fardeau qui pesait sur leurs terres.

III

La période monarchique
de la Révolution.

Le déficit financier détermine la crise. Mais pendant plusieurs années, les esprits les plus avancés, conservant le culte de la royauté, veulent faire la révolution sans détruire l'institution monarchique.

Les États généraux et la Constituante. — L'arrêt du 8 août 1788 avait annoncé la convocation des États généraux. La forme des élections fut réglée par les lettres du 24 janvier 1789. Necker avait fait décider le **doublement du Tiers** (autant de députés que les deux autres ordres réunis). Dans les assemblées de bailliage, les trois ordres délibéraient et votaient à part. Les nobles, les prêtres séculiers et les abbés votaient en personne, les communautés par délégués. Pour le Tiers, tout Français (non privilégié), âgé de vingt-cinq ans, était admis à *l'assemblée primaire*, chargée d'élire les électeurs. Des troubles signalèrent les élections à Aix, où le comte de Mirabeau, repoussé par la noblesse, fut élu par le Tiers ; à Paris, où des émeutiers pillèrent la maison d'un électeur, le fabricant Réveillon. Enfin on réussit à désigner les 1 200 députés.

Les assemblées électorales avaient eu aussi à composer les *cahiers* de doléances de chaque ordre. Le clergé demandait que la religion catholique fût seule autorisée, mais consentait à la diminution des privilèges. La noblesse réclame la participation de la nation aux lois, l'égalité des cultes, mais le maintien des privilèges. Le Tiers a enjoint à ses députés de ne combler le déficit que si l'on donne a la France une *constitution* ; il exige l'établissement du *vote par tête* aux États, l'abolition de la féodalité, l'établissement de l'égalité, de la liberté religieuse, commerciale et industrielle, la réforme de l'instruction publique et de l'impôt, la vente des biens d'Église.

Après la fête d'inauguration célébrée à Versailles le 5 mai, se posa la grave question du vote *par tête* ou *par ordre*, dont Necker avait laissé la décision aux États. Il s'agissait pour le tiers de savoir s'il aurait 584 voix contre 561, ou une contre deux. Le Tiers pratiqua d'abord une politique d'inertie. Les députés des ordres privilégiés, à part quelques nobles et de nombreux prêtres, refusèrent de se joindre au Tiers pour la *vérification* de leurs pouvoirs. Aussi le 17 juin le Tiers se proclama-t-il *Assemblée des seuls representants connus et vérifiés de la nation*, ou plus brièvement **Assemblée nationale**. Le 20 juin, trouvant la salle de leurs séances fermées, sous prétexte qu'on y faisait des préparatifs pour la prochaine séance royale, les députés se réunirent dans un jeu de paume et jurèrent de ne pas se séparer avant d'avoir voté la Constitution. Le 23, dans la séance royale, Louis XVI condamna durement la conduite du Tiers et lui ordonna de se séparer aussitôt après son départ ; les députés restèrent cependant en séance et Mirabeau refusa d'obéir au maître des cérémonies, M. de Dreux-Brézé. Le roi faiblit, et de lui-même ordonna à la minorité du clergé et à la majorité de la noblesse de se joindre au Tiers-État, en une assemblée unique, où les ordres étaient confondus, où le vote avait lieu par tête. Ainsi fut formée, le 27 juin, l'**Assemblée** qui prit, le 9 juillet, le nom de **Constituante**.

A l'extrême droite de l'Assemblée siégeait le parti féodal, opposé à toute concession, et où ne tardera pas à se recruter *la première émigration*. Puis venaient les *royalistes* purs avec *Cazalès* et l'abbé *Maury*. A gauche, les *monarchiens*, imbus des idées anglaises et admirateurs de Montesquieu, demandaient avec *Mounier*, *Lally-Tollendal*, etc., l'établissement d'une royauté constitutionnelle avec deux chambres, dont l'une aristocratique. La **Fayette**, enivré par sa popularité rêvait de concilier la royauté et le peuple. **Mirabeau**, descendant de la famille florentine, émigrée en Provence, des *Riquetti*, s'était rendu tristement célèbre par ses désordres et par ses querelles avec son père, l'*Ami des hommes*. Son éloquence, qui éclatait déjà dans ses écrits (*Hist. de la*

monarchie prussienne, etc.), en eût fait le chef de l'Assemblée si ses vices ne l'avaient irrémédiablement compromis.
Son insatiable besoin d'argent le vendit d'abord au duc
d'Orléans, qui voulait se venger de la reine. Plus tard, grâce
à son ami La Marck, il se rapprocha de la cour et rêva d'établir une *démocratie royale*. Il attaqua alors le parti extrême
de *Duport, Barnave, Lameth*, qu'il appelait le *triumgueusat*.
De ce côté siégeait, fort obscur et tourné en ridicule, un
petit avocat d'Arras, Maximilien *de Robespierre*. Les légistes,
anciens parlementaires, avocats et procureurs, dominaient
dans l'Assemblée (*Camus, Thouret*, etc.). Ils se faisaient de
la politique une idée abstraite, presque géométrique, et voulaient légiférer, non seulement pour les Français du XVIII⁰
siècle, mais pour l'universalité du genre humain. L'abbé
Siéyès représentait cette tendance.

Abolition de l'ancien régime. — L'Assemblée fut
bientôt menacée par un coup d'Etat. La cour fit envelopper
Paris et Versailles de troupes étrangères, et, le 11 juillet,
Necker fut exilé. A cette nouvelle, la population parisienne,
excitée au Palais Royal par *Camille Desmoulins*, s'insurgea,
avec la complicité des gardes-françaises, et vint se heurter
contre le Royal Allemand (12). Pour défendre Paris à la fois
contre les troupes royales, massées au Champ de Mars, et
contre les *brigands* qui brûlaient les barrières de l'octroi, la
bourgeoisie s'organisa en *milices*. Le corps des *électeurs* se
réunit à l'Hôtel de Ville, à côté de la municipalité royale.
Le 14, le peuple se porta vers la Bastille qui fut emportée
après un siège de cinq heures, grâce à l'appui des gardes-
françaises : le gouverneur *de Launay*, le prévôt des marchands
Flesselles qui avait leurré le peuple en lui promettant des
armes, et quelques soldats furent tués. Les électeurs prirent
le nom de *municipalité* et donnèrent à leur président *Bailly*
le titre de *maire*. La milice parisienne, devenue *garde nationale*, prit pour chef La Fayette. Le 17, le roi vint en personne
à l'Hôtel de Ville, et accepta la nouvelle *cocarde*, où les cou-
leurs de Paris se mélangeaient à celle des Bourbons.

Des désordres éclatent dans les campagnes. A la nouvelle
qu'on va détruire les droits féodaux, des bandes parcourent
les provinces, brûlent les titres de propriété, et parfois les
châteaux eux-mêmes. Une sorte de terreur panique, la
grand peur, la peur de brigands réels ou imaginaires affolle

les masses paysannes. C'est une jacquerie qui commence.
Un noble, le duc d'*Aiguillon*, rejette la responsabilité de ces
désordres sur le régime lui même ; et dans une seule séance
de nuit (4 août). L'Assemblée vote avec enthousiasme l'abolition des droits féodaux qui pèsent sur les personnes, le
rachat de ceux qui frappent les terres, la suppression des
jurandes, des privilèges des villes et des provinces. Dès lors,
l'ancien régime a cessé d'exister, du moins en théorie, car
les droits féodaux ne seront complètement abolis que par la
Convention.

Le *5 octobre*, la disette, puis la nouvelle, répandue dans
Paris, que les gardes du corps, dans un banquet auquel as-
sistaient le roi, la reine et le dauphin, ont foulé aux pieds la
cocarde nationale, symbole désormais sacré des idées nouvelles et de la patrie, poussent les femmes de la Halle, puis
le peuple de Paris dans la direction de Versailles. La religion
monarchique est encore si forte qu'on va trouver le roi
pour lui demander du pain ; le 6, après ces deux terribles
journées, où la reine, dénoncée par Mirabeau, poursuivie par
les séides de d'Orléans, courut péril de mort et fut sauvée
par La Fayette, on chante autour du carrosse royal, que pré-
cèdent pourtant, au haut des piques, les têtes des gardes du
corps : « Voici le boulanger, la boulangère et le petit mi-
tron ». Le roi réside dès lors aux Tuileries, prisonnier dans
sa capitale. L'Assemblée s'installe dans la longue salle du
Manège, dont les tribunes furent envahies par la fraction
la plus turbulente de la population parisienne.

Au milieu de l'anarchie croissante, c'est la nation elle-
même qui, spontanément, commença d'organiser le régime
nouveau. Pour lutter contre le brigandage (faux-saulniers,
etc. qui dévaste les campagnes, contre les aristocrates (*ver-
dets*) qui terrorisent le Midi, les communes se constituent
en *municipalités* élues, et arment des *gardes nationales*. La
Révolution ne se fait pas qu'à Versailles et à Paris ; elle s'opère,
d'une façon profonde, dans les cellules mêmes de l'organisme
social ; de cette multitude de révolutions locales va résulter
un mouvement d'union qui rendra la Révolution indestruc-
tible. Les gardes nationales des communes voisines se réunissent en des fêtes champêtres ou **fédérations**. A la fédération d'Étoile près Valence (29 nov. 89) se mêlent pour la
première fois des hommes de provinces différentes. C'est
l'esprit des décrets du 4 août qui pénètre dans l'âme du

peuple entier. A Valence, le 31 janvier, dix mille fédérés déjà, cinquante mille à Lyon le 30 mai L'Assemblée d'abord effrayée autant que la cour par ce grand mouvement populaire, finit par décider la tenue à Paris d'une fédération de toutes les gardes nationales du royaume. Cette grande fête, célébrée au Champ de Mars, le *14 juillet 1790*, consomma l'unité de la patrie.

Mais l'Assemblée était obligée de s'opposer à la sortie des *émigrés*, qui se rendaient à Coblentz, où Monsieur, comte de **Provence**, avait rejoint le comte d'Artois et, prétendant que Louis XVI était prisonnier, avait constitué une *régence*. Les prêtres, sur l'ordre du Pape, refusaient de prêter le *serment*, de respecter la *constitution civile du clergé*. Le roi était profondément blessé dans ses sentiments religieux par la politique ecclésiastique de l'Assemblée. Mirabeau lui conseillait de se retirer en Normandie et d'y convoquer une nouvelle assemblée, mais le grand orateur mourut le 2 avril 1791. et Louis XVI, au moment des fêtes de Pâques, essaya vainement d'aller à Saint-Cloud. Il se décida alors à s'enfuir auprès de l'armée de Bouillé, à Metz. Reconnu à Sainte-Menehould par Drouet, il fut arrêté à *Varennes* par ordre de l'Assemblée et ramené à Paris, avec sa famille, par trois députés, Barnave, Pétion, Latour-Maubourg. Pendant cinq jours (21-25 juin) l'Assemblée avait seule gouverné la France. Elle se contenta de suspendre le roi de ses pouvoirs. Des pétitions républicaines furent déposées au Champ-de-Mars, sur l'*autel de la patrie* élevé à l'occasion de la seconde Fédération ; le 17 juillet, la *loi martiale* fut proclamée, et la garde nationale fit feu sur la foule. L'Assemblée rendit au roi sa liberté et ses pouvoirs pour lui permettre de prêter le serment de fidélité à la Constitution le 3 septembre. Elle se sépara le 30, après avoir interdit à ses membres de se présenter aux nouvelles élections.

Transformation de la société française par la Révolution. — Au point de vue social, la Constituante abolit tous les *privilèges*. Elle promet un code uniforme applicable aux hommes de toute couleur. Elle établit l'égalité devant la justice, devant l'impôt, dans l'armée. Le clergé cesse d'être un corps constitué, propriétaire de ses biens, pour devenir une réunion de fonctionnaires salariés par l'Etat. Les biens du clergé sont repris par la nation, qui s'engage à fournir aux prêtres un revenu convenable. Par la

Constitution civile du clergé, œuvre non pas des philosophes, mais des jansénistes et des gallicans, on crée des diocèses égaux en nombre et en étendue aux départements. Les évêques étaient élus comme les juges ; l'investiture leur était donnée, non plus par Rome, mais par leurs collègues. Ils devaient prêter non seulement, comme tous les fonctionnaires, le serment de fidélité à la Constitution du royaume, mais en outre le serment particulier d'être fidèles à la Constitution du clergé (*Serment civique*). L'Assemblée renonçait au régime du Concordat de 1516 pour se rapprocher de la Pragmatique de 1438. — Elle établissait la *liberté religieuse* pour les protestants et les juifs, et créait l'*état civil*.

La noblesse disparaît comme ordre de l'Etat. L'abolition du *droit d'aînesse* ramène l'égalité dans la famille. L'abolition des droits féodaux et des privilèges financiers réalise l'*affranchissement de la terre*, celle des jurandes, l'*affranchissement du travail*. Par les *brevets d'invention*, etc., on garantit la propriété industrielle, artistique, etc.

Les impôts indirects sont supprimés, sauf le timbre et l'enregistrement. Les impôts directs sont : 1° la contribution *foncière ;* 2° les contributions *personnelle et mobilière ;* 3° les *patentes*. Pour éviter la banqueroute, on avait d'abord voté une contribution du *quart du revenu*. Puis l'Etat se saisit des biens de l'ancien clergé : ces biens dits *nationaux* furent vendus aux communes, qui signèrent des engagements. L'Etat paya ses créanciers avec ces *assignats*, que les communes devaient acquitter au fur et à mesure de leurs ventes.

La Constitution de 1791. — La Constitution que l'assemblée avait élaborée comprenait une œuvre politique (établissement de la liberté et de l'inviolabilité de la personne humaine) et une œuvre sociale (établissement de l'égalité et de la justice). Elle débute par une **Declaration des droits**, non pas seulement du peuple français, mais de **l'homme et du citoyen**, déclaration de forme abstraite et de portée universelle. Elle proclame l'inviolabilité de ces droits : la liberté, la propriété, l'égalité, etc. : en voici le texte intégral :

« Les représentants du peuple français, constitués en Assemblée nationale,

« Considérant que l'ignorance, l'oubli ou le mépris des droits de l'homme sont les seules causes des malheurs publics et de la corruption des gouvernements,

« Ont résolu d'exposer dans une déclaration solennelle les droits naturels, inaliénables et sacrés de l'homme ;

« Afin que cette déclaration, constamment présente à tous les membres du corps social, leur rappelle sans cesse leurs droits et leurs devoirs ;

« Afin que les actes du pouvoir législatif et ceux du pouvoir exécutif, pouvant être à chaque instant comparés avec le but de toute institution politique, en soient plus respectés ;

« Afin que les réclamations des citoyens, fondées désormais sur des principes simples et incontestables, tournent toujours au maintien de la Constitution et au bonheur de tous ;

« En conséquence, l'Assemblée nationale reconnaît et déclare, en présence et sous les auspices de l'Être suprême, les droits suivants de l'homme et du citoyen :

« ARTICLE PREMIER. — Les hommes naissent et demeurent libres et égaux en droits ; les distinctions sociales ne peuvent être fondées que sur l'utilité commune.

« ART. 2. — Le but de toute association politique est la conservation des droits naturels et imprescriptibles de l'homme ; ces droits sont la liberté, la propriété, la sûreté et la résistance à l'oppression.

« ART. 3. — Le principe de toute souveraineté réside essentiellement dans la nation ; nul corps, nul individu ne peut exercer d'autorité qui n'en émane expressément.

« ART. 4. — La liberté consiste à pouvoir faire tout ce qui ne nuit pas à autrui ; ainsi, l'exercice des droits naturels de chaque homme n'a de bornes que celles qui assurent aux autres membres de la société la jouissance de ces mêmes droits ; ces bornes ne peuvent être déterminées que par la loi.

« ART. 5. — La loi n'a le droit de défendre que les actions nuisibles à la société. Tout ce qui n'est pas défendu par la loi ne peut être empêché, et nul ne peut être contraint à faire ce qu'elle n'ordonne pas.

« ART. 6. — La loi est l'expression de la volonté générale. Tous les citoyens ont le droit de concourir personnellement ou par leurs représentants, à sa formation ; elle doit être la même pour tous, soit qu'elle protège, soit qu'elle punisse. Tous les citoyens, étant égaux à ses yeux, sont également admissibles à toutes dignités, places et emplois publics, selon leur capacité, et sans autre distinction que celle de leurs vertus et de leurs talents.

« Art. 7 — Nul homme ne peut être accusé, arrêté ni détenu que dans les cas déterminés par la loi, et selon les formes qu'elle a prescrites. Ceux qui sollicitent, expédient, exécutent ou font exécuter des ordres arbitraires doivent être punis; mais tout citoyen, appelé ou saisi en vertu de la loi, doit obéir à l'instant; il se rend coupable par la résistance.

« Art. 8. — La loi ne doit établir que des peines strictement et évidemment nécessaires, et nul ne peut être puni qu'en vertu d'une loi établie et promulguée antérieurement au délit et légalement appliquée.

« Art. 9. — Tout homme étant présumé innocent jusqu'à ce qu'il ait été déclaré coupable, s'il est jugé indispensable de l'arrêter. toute rigueur qui ne serait pas nécessaire pour s'assurer de sa personne doit être sévèrement réprimée par la loi.

« Art. 10. — Nul ne doit être inquiété pour ses opinions, même religieuses, pourvu que leur manifestation ne trouble pas l'ordre public établi par la loi.

« Art. 11. — La libre communication des pensées et des opinions est un des droits les plus précieux de l'homme. Tout citoyen peut donc parler, écrire, imprimer librement, sauf à répondre de l'abus de cette liberté, dans les cas déterminés par la loi.

« Art. 12. — La garantie des droits de l'homme et du citoyen nécessite une force publique. Cette force est donc instituée pour l'avantage de tous et non pour l'utilité particulière de ceux auxquels elle est confiée.

« Art. 13. — Pour l'entretien de la force publique, et pour les dépenses de l'administration. une contribution commune est indispensable; elle doit être également répartie entre tous les citoyens, en raison de leurs facultés.

« Art. 14. — Tous les citoyens ont le droit de constater par eux-mêmes, ou par leurs représentants, la nécessité de la contribution publique, de la consentir librement, d'en suivre l'emploi et d'en déterminer la quotité, l'assiette, le recouvrement et la durée.

« Art. 15. — La société a le droit de demander compte à tout agent public de son administration.

« Art. 16. — Toute société dans laquelle la garantie des droits n'est pas assurée, ni la séparation des pouvoirs déterminée, n'a point de constitution.

« Art. 17. — La propriété étant un droit inviolable et sacré, nul ne peut en être privé, si ce n'est lorsque la nécessité publique, légalement constatée, l'exige évidemment, et sous la condition d'une juste et préalable indemnité. »

La Constitution de 1791 repose sur le principe, énoncé par Montesquieu, de la séparation des pouvoirs. En tête vient le pouvoir *législatif*, exercé par une Assemblée unique, composée de 745 députés (3 députés pour chaque département = 249 + autant de députés que le département contient de fois le 249ᵉ de la population + autant qu'il paye de fois le 249ᵉ de l'impôt direct), élus pour deux ans avec leurs suppléants. Sont citoyens *actifs*, non tous les Français, comme le promettait la Déclaration, mais seulement les hommes de 25 ans, domiciliés, incorporés dans la garde nationale, payant une contribution égale à la valeur de 3 jours de travail, et non domestiques. Ils forment les assemblées *primaires*, qui désignent le centième d'entre elles, pris parmi les citoyens possédant un revenu de 150 journées de travail dans les campagnes, 200 dans les villes, pour former les assemblées *électorales*. L'Assemblée législative a l'initiative et le vote des lois ; elle fixe le chiffre de l'impôt, en surveille la répartition et l'emploi, contrôle les actes de l'administration et décide de la paix et de la guerre. Le pouvoir *exécutif* est confié au roi des Français, magistrat héréditaire, qui est inviolable et sacré. L'Assemblée peut prononcer sa déchéance, tandis qu'il ne peut la dissoudre. Il ne peut prendre ses ministres dans l'Assemblée (cette mesure avait été dirigée contre Mirabeau). Il appose ou refuse sa *sanction* aux décrets de l'Assemblée ; il peut renouveler son veto pendant deux législatures successives, mais si le décret est voté par une troisième assemblée, il devient loi malgré le refus de sanction (*Veto suspensif*). Le pouvoir *judiciaire* est séparé des deux autres.

L'Assemblée avait supprimé toutes les anciennes divisions administratives. Elle créa 83 départements, sensiblement égaux (le 23 sept. 91 fut annexé le Comtat, qui devint, par décret du 25 juin 1793, le département de Vaucluse ; on divisa Rhône-et-Loire, on créa Tarn-et-Garonne), divisés en *districts*, *cantons* et *communes*. La décentralisation la plus large était appliquée à ces diverses organisations, administrées par près de 40.000 corps élus : un *directoire* de 8 membres et un *procureur-syndic*, assisté d'un *conseil* de 36 membres au département, un *maire*, un procureur-syndic, des *officiers municipaux* et un *conseil général* dans la commune, etc. **Le** roi pouvait révoquer ces magistrats.

Les juges étaient également élus, par une élection à deux degrés, pour dix ans. Les Parlements et les anciens tribunaux ayant été déclarés en vacances, on créa : un *tribunal de paix* par canton, un tribunal *civil* par district (il y avait **appel** d'un tribunal aux tribunaux des districts limitrophes), **un** tribunal *criminel* au chef-lieu, ce dernier assisté d'un *jury d'accusation* (ministère public) et d'un *jury de jugement*. Chaque département nomme un membre de la *cour de cassation* qui peut casser les procès pour vice de forme. Une *haute cour nationale* juge, à la requête de l'Assemblée, les crimes de lèse-nation.

La constitution et les lois établissaient une division excessive des pouvoirs, imposaient à l'exécutif une impuissance que ne pouvait accepter sincèrement un ancien *roi de France et de Navarre*, devenu subitement *roi des Français*, créaient une décentralisation imprudente en matière de justice et d'impôt. Par la Constitution civile, l'Assemblée s'érigeait en concile, et usurpait sur le pouvoir spirituel en organisant une Église gallicane séparée de Rome ; par l'obligation du serment, elle préparait la guerre civile. Ces graves défauts tiennent en partie à la conception abstraite que les constituants se faisaient de la politique. Leurs principes ont triomphé dans le monde entier, en raison de cette abstraction même et de cette universalité ; mais, en France, c'est surtout l'œuvre sociale qui a subsisté ; le nivellement n'a fait, tout d'abord, que préparer l'avènement d'un despotisme centralisateur plus absolu que celui de Louis XIV.

L'Assemblée législative ; résistance du roi. — La nouvelle assemblée (1er oct. 1791) veut tirer les conséquences de la Révolution. A droite siégeaient les *feuillants*, qui s'attachaient strictement à la lettre de la Constitution et ne désiraient pas aller plus loin ; à gauche les *brissotins* (de Brissot) ou *girondins*, jeunes gens imbus de la philosophie encyclopédique et d'idées républicaines, qui voulaient forcer le roi à montrer ses véritables sentiments. Ce n'était un secret pour personne que Louis XVI n'avait juré la Constitution qu'à son corps défendant ; au fond le roi des Français n'attendait, malgré son apathie, qu'un moment favorable pour redevenir le roi de France. Sous l'influence de Marie-Antoinette (l'*Autrichienne*), de ses frères émigrés à Turin puis à Coblentz, il prépare les revanches futures et cherche à intéresser à son sort les autres rois. Aussi la lutte ne tarde-t-elle pas à éclater entre l'Assemblée et le roi, sourde d'abord, puis violente, lorsque les provocations de l'étranger lui donnent un caractère national. Plus que jamais les partisans du nouveau régime s'appellent les *patriotes*.

Formation du parti républicain. — Au début de la Révolution, les patriotes les plus ardents, ceux même à qui les souvenirs de la Grèce et de Rome avaient donné l'admiration de la forme républicaine, tous estimaient qu'une grande nation comme la France ne saurait être une république. La fuite de Varennes, en investissant momentanément l'Assemblée du pouvoir exécutif, a cependant porté un coup à l'idole monarchique. Brissot, l'abbé Fauchet, Condorcet, parlent ouvertement de république ; il y a des salons républicains, celui des Robert, de Madame Roland, et de plus en plus la royauté semble un luxe inutile et dangereux. On se rend compte qu'un roi absolu ne peut devenir du jour au lendemain un roi constitutionnel, et les efforts tentés pour faire de Philippe d'Orléans (*Philippe-Égalité*) un roi de la Révolution, un nouveau Guillaume III, n'ont pas réussi. La république apparaît comme l'issue fatale de la crise.

Chute de la royauté. — Le brissotin *Pétion* remplace Bailly à la mairie de Paris. L'Assemblée abolit les titres de *Sire* et de *Majesté* et décrète des mesures contre les émigrés et les prêtres réfractaires. Un ministère feuillant (*Narbonne*) est remplacé (10 mars 92) par un ministère girondin (*Roland, Dumouriez*, Servan, Clavière) que le roi est obligé de subir. L'Assemblée ayant ordonné le licenciement de la *garde constitutionnelle* du roi, la formation d'un camp de 20 000 *fédérés*, de nouvelles mesures contre les réfractaires, Louis XVI éclate enfin, et refuse sa sanction à ces décrets. Venant après la déclaration de guerre, ce refus de sanction semble une trahison. Le ministère démissionne, et ses amis font organiser par le brasseur Santerre la première des journées révolutionnaires (20 juin).

Le roi, menacé dans les Tuileries par une foule armée de *piques* et coiffée du *bonnet rouge*, résista. Les mauvaises nouvelles de la frontière, la proclamation de la *patrie en danger* (5 juillet), les enrôlements volontaires, le *manifeste de Brunswick* (25 juillet), l'arrivée des fédérés (ceux des Bouches-du-Rhône chantaient l'hymne composé par Rouget de l'Isle pour l'armée du Rhin, d'où le nom de *Marseillaise*) maintinrent l'agitation. Dans la nuit du 9 au 10 août, les délégués des sections, dirigés par Danton, s'installèrent à l'Hôtel de Ville en *commune insurrectionnelle* et poussèrent de nouveau les émeutiers contre les Tuileries. Les *Suisses* qui défendaient le château furent égorgés. Le roi s'était réfugié avec sa famille à l'Assemblée. *Vergniaud* fit prononcer sa déchéance, son internement au Luxembourg, la nomination de Condorcet comme gouverneur du prince royal, l'élection immédiate d'une *Convention nationale*. Danton fut nommé ministre de la justice (l'Assemblée choisit les ministres). La nouvelle Commune, bravant l'Assemblée, enferma le roi dans la prison du Temple. Au milieu de l'émotion causée par les capitulations de Longwy et de Verdun, elle laissa faire les *Massacres des prisons* (2-6 sept.), qui, grâce aux écrits furibonds de *Marat*, se reproduisirent dans quelques départements.

Personne ne se faisait plus d'illusion sur le sort de la royauté. La proclamation de la République ne devait plus être que la constatation d'un fait accompli.

IV

La République.

La Convention. — La Convention nationale, réunie le 21 sept. 92, abolit la royauté et data ses actes de l'*an premier de la* République (il n'y eut pas de proclamation à proprement parler). Elle fit le procès du roi dont les papiers secrets avaient été découverts dans l'*armoire de fer* des Tuileries. D'après la Constitution, il ne pouvait être poursuivi que pour les actes postérieurs à la déchéance, et devant la Haute Cour. Cependant le 11 décembre il comparut devant la Convention, et fut défendu par *Malesherbes, Tronchet* et *de Sèze*. L'Assemblée, consultée par la voie de l'appel nominal, le déclara coupable, le condamna à mort (par 387 voix sur 721 votants), puis décida que la sentence ne serait pas soumise à la ratification du peuple, enfin refusa de surseoir à l'exécution, qui eut lieu le *21 janvier* 1793. Les membres de la famille royale (Louis XVII, Marie-Antoinette, Madame Elisabeth) furent détenus.

Les partis. — Deux partis se disputaient le pouvoir. A droite les *girondins*, Vergniaud, Brissot, Condorcet, Barbaroux, Isnard, Roland ; la femme de ce dernier exerçait sur eux une grande influence. Ces hommes, généralement jeunes, instruits, éloquents, nourris des idées du xviiiᵉ siècle, républicains dès 91, auraient voulu que la liberté entrât sans retard dans les faits et souhaitaient de maintenir la décentralisation opérée par la Constituante ; quelques-uns poussaient ce désir jusqu'à une véritable haine contre Paris. De plus ils manquaient de caractère. Dans le procès de Louis XVI, ils s'étaient compromis en montrant leur secret désir d'éviter la mort du roi, mais ils n'avaient pas eu le courage de résister aux clameurs des tribunes. Ils étaient partisans de la guerre, d'une sorte de croisade révolutionnaire pour la liberté des peuples. A gauche siégeait la *Montagne*, composée d'hommes à l'esprit étroit et autoritaire, qui voulaient bien promulguer une constitution ultradémocratique, mais en déclarant que la liberté était ajournée jusqu'à la paix , hommes énergiques et souvent courageux, dont quelques-uns étaient doués de réelles capacités politiques. Leur chef **Robespierre** était un rhéteur froid et envieux, toujours hanté par le soupçon, admirateur fanatique du *Contrat social*. Ses partisans les plus dévoués étaient *Saint-Just* et *Couthon*. Marat, *Hébert* représentaient l'extrême violence. A la Montagne se rattachait encore Danton, le seul homme d'État de l'Assemblée, d'allures violentes, de mœurs débauchées, mais épris de la grandeur de la France ; il se serait allié aux Girondins, si ceux-ci n'avaient repoussé en lui un des complices des massacres de septembre. A côté de lui siégeaient des travailleurs, désireux de servir leur pays (*Carnot, Cambon,* etc.). La majorité de l'Assemblée (*Plaine, ventre* ou *marais*) oscillait entre les deux partis, plutôt favorable à la Gironde, mais disposée à suivre ceux qui montreraient le plus d'énergie. L'Assemblée avait quitté le manège pour le palais des Tuileries.

Les insurrections. — Les Girondins, dès les premiers jours, avaient attaqué Marat (décrété d'accusation le 13 avril, mais acquitté le 24), et demandé la réunion des suppléants à Bourges pour le cas où la Convention serait menacée dans Paris. La Montagne leur répondit en faisant décréter que la République française était **une et indivisible** et en accusant ses ennemis de *fédéralisme*. Le comité de douze membres créé par la Gironde pour veiller à la sûreté de l'Assemblée fut supprimé, puis rétabli (27-28 mai). Robespierre souleva plusieurs sections de Paris qui, le **31 mai**, vinrent demander à la Convention l'expulsion de 22 députés girondins. L'Assemblée, assiégée par *Henriot*, commandant de la garde nationale, le **2 juin**, vota l'arrestation de 29 députés et de deux ministres.

Les clubs ; les jacobins ; la commune. — La Convention était menée par les clubs. Dès 1789 s'était formé un très grand nombre de sociétés politiques, où l'on discutait les actes de l'Assemblée : *Club breton, Club des Amis de la Constitution, Club des Feuillants.* Le club des **Jacobins** comprenait à l'origine presque tous les libéraux, Mirabeau y avait parlé, Brissot y avait préparé la pétition du 17 juillet. Il se composait d'une sorte de société bourgeoise et d'une société populaire. Robespierre finit par en exclure ses adversaires et par y faire prédominer son esprit. Le club formait un vrai pouvoir public, aussi puissant que la Convention elle-même, grâce à ses relations avec les *Sociétés populaires*, créées dans tous les départements. Ces sociétés étaient un admirable instrument de suspicion et de délation, mais aussi d'action. Du club des Jacobins se détacha celui des *Cordeliers*, dont le ton était plus cynique, l'allure moins compassée ; on y voyait des violents, comme Hébert *(le Père Duchesne)*, et aussi les futurs *indulgents*, Danton et Camille Desmoulins.

Ces deux clubs dominaient la Commune de Paris. Cette assemblée, issue de l'insurrection du 10 août, avait conservé son pouvoir illégal. Elle prétendait non seulement à gouverner Paris, mais à mener la France. C'est elle qui avait forcé la représentation nationale à se suicider le 2 juin. Elle essaiera de recommencer en 94.

Les soulèvements. — A l'intérieur les Girondins ont semblé justifier après coup l'accusation de fédéralisme par les *soulèvements* de Caen, de Bordeaux, de Toulouse, de Lyon, de Marseille ; les royalistes se mêlent habilement à eux et livrent *Toulon* aux Anglais. La *Corse* se soulève avec *Paoli*. Les Girondins échouent partout. Lyon succombe après un terrible siège (9 octobre 1793). *Dugommier* et *Bonaparte* reprennent Toulon le 19 décembre.

Dans l'Ouest, les émigrés et les prêtres excitent une véritable jacquerie, dite **guerre de Vendée**. La levée de 300.000 hommes est le signal de l'insurrection (10 mars 1793). Les Vendéens, vainqueurs à *Fontenay*, prennent Saumur, échouent devant Nantes, battent les républicains (les *bleus*) à Coron et à Torfou. Leurs chefs sont *Stofflet*, *Cathelineau*, puis des nobles, d'*Elbée*, *Bonchamps*, *La Rochejacquelein*. L'armée de Mayence, envoyée contre eux avec *Kléber* et *Marceau*, les bat à *Cholet* ; ils passent la Loire en désordre (18 oct.), vont jusqu'à Granville pour y attendre vainement les émigrés et les Anglais, reviennent au Sud et sont battus au *Mans* et à *Savenay* (23 déc.). Soutenus par le prétendant Louis XVIII, ils forment l'*Armée catholique et royale*, avec d'Elbée pour généralissime. Il y eut des tentatives analogues dans le Centre et le Midi (camp de *Jallès*, etc.).

On essaie vainement d'écraser les Vendéens par les *colonnes infernales*. Hoche réussit, par la douceur, à pacifier le pays. Les émigrés débarqués à *Quiberon* par les Anglais, et qui s'entendaient avec les *chouans* de Bretagne, furent pris (20 juillet 1794) et fusillés.

Gouvernement révolutionnaire. — Les Montagnards après avoir repoussé le plan de Constitution girondine de Condorcet, votèrent celui de *Hérault de Séchelles*. Mais la *Constitution de l'an I*, qui remettait le pouvoir aux assemblées primaires (toute loi votée par l'Assemblée devait être soumise, durant quarante jours, à la ratification de ces assemblées), ne fut jamais appliquée. En réalité on établit le *gouvernement révolutionnaire*. La Convention prit entre ses mains les pouvoirs exécutif et judiciaire. Déjà avant le 31 mai, elle avait délégué des attributions exécutives à des *comités* permanents (comité de la guerre, des subsistances, etc.). Le Comité de *sûreté générale* recherchait les conspirateurs. Le **Comité de salut public** centralise tous les pouvoirs. Composé de douze membres (de neuf au début). soumis chaque mois à la réélection, mais presque toujours réélus, il dresse les listes de candidats pour les autres comités, il donne des ordres aux ministres, qui ne sont plus que ses commis, il nomme les généraux. C'est une royauté à douze têtes. On y voit des hommes spéciaux qui se cantonnent dans leur service, Carnot à la guerre, Cambon aux finances, Lindet aux subsistances, etc., et des *hommes d'État*, comme s'intitulent Robespierre et ses amis. Il s'appuie sur le Tribunal criminel extraordinaire, ou **Tribunal révolutionnaire** dont il désigne les juges, les jurés et l'*accusateur public*. Il rétablit la centralisation par l'envoi dans les départements et aux armées des *représentants en mission*, qui ont le droit de *réquisition*, qui surveillent les généraux et les administrateurs.

La Terreur. — Le parti jacobin professe cette théorie que le salut public est la loi suprème, que les méchants font seuls obstacle au bonheur de la nation, et qu'il faut les écraser par la *terreur*. La *guillotine* se dresse sur les places publiques. La *loi des suspects* (sept. 1793) permettra d'emprisonner quiconque ne présente pas un *certificat de civisme*. Les colères ont été excitées par la mort de Marat, tué par une girondine, *Charlotte Corday*, le 13 juillet. Marie-Antoinette, les Girondins Bailly, Madame Roland, le duc d'Orléans (Philippe-Égalité), Barnave, etc., furent exécutés. Dans les départements quelques représentants (les *proconsuls*), *Lebon* à Arras, *Carrier* à Nantes, se souillèrent par leurs cruautés. On fixa un prix *maximum* des denrées, on poursuivit les *accapareurs*. Robespierre, s'inspirant du *Contrat social*, inventa deux nouveaux crimes de lèse-nation, l'*athéisme* et le *modérantisme*. Chaumette et les *Hébertistes*, qui avaient célébré le culte de la *déesse Raison*, Danton et Camille Desmoulins (dans son journal le *Vieux Cordelier*), qui demandaient l'institution d'un *comité de clémence*, furent décapités en mars et en avril 94. Robespierre, comme président de la Convention, célébra la *fête de l'Être suprème* ; il rêvait d'exercer sur la France moins une dictature qu'une sorte de pontificat, et d'établir par la terreur le règne de la vertu. La loi du *22 prairial* permit au Tribunal révolutionnaire de condamner les accusés sans instruction préalable, sans audition de témoins ni d'avocats. Les accusés étaient conduits à la guillotine (place de la Révolution) par fournées : *Mme Elisabeth*, *Lavoisier*, *André Chénier*, etc., périrent alors. — La Plaine et une partie de la Montagne voulurent se débarrasser du *triumvirat* (Robespierre, Saint-Just, Couthon). Le 8 thermidor, Robespierre fut accusé d'aspirer à la dictature, le 9 il fut décrété d'accusation. La Commune le fit transporter à l'Hôtel de Ville et essaya d'insurger le peuple contre l'Assemblée ; elle échoua, et Robespierre, blessé, fut décapité avec ses partisans le *10 thermidor* (28 juillet 1794).

La réaction après thermidor. — Les *thermidoriens* (*Barras*, *Tallien*) prirent des mesures de réaction (fermeture des Jacobins, suppression de la Commune). Il y eut même un retour du royalisme. Les Montagnards profitèrent de la famine pour faire les journées des *1er* et *12 germinal*, *1er prairial*. La Convention fut délivrée, et six députés (*les derniers montagnards*) furent condamnés à mort. Les royalistes organisèrent des massacres dans le Midi (*compagnies de Jéhu*). Furieux de voir que la Convention s'était réservé les 2/3 des sièges dans les prochaines élections, ils tentèrent une insurrection, écrasée par Bonaparte (*13 vendémiaire an III, 5 oct. 1795*). La Convention se sépara le 26 octobre.

Constitution de l'an III. — Avant de se séparer la Convention fit une nouvelle Constitution. La nouvelle Déclaration des droits était suivie d'une déclaration des *devoirs*. La Constitution rétablissait à peu près le système électoral de 1791. Le pouvoir législatif, confié à 750 députés, est divisé en deux conseils : 1° les *Jeunes* ou *Cinq-Cents* ; 2° les *Anciens*, âgés d'au moins quarante ans. Le premier a l'initiative des *résolutions*, le second les rejette ou les transforme en *lois*. Les deux Conseils sont élus par les mêmes collèges, et renouvelables annuellement par tiers. L'exécutif est remis à un *Directoire* de cinq membres, élu par les Anciens sur une liste de cinquante noms présentée par les Jeunes. Il est renouvelable par an et par cinquième. Il envoie des *commissaires* dans les départements.

L'Œuvre de la Convention. — Cette grande Assemblée avait prodigieusement travaillé. En dehors des lois de circonstance, elle laissait nombre de créations utiles. Ces créations s'inspirent à la fois des nécessités urgentes du salut public et de la logique abstraite qui caractérise la période révolutionnaire. C'est toute une France nouvelle que la Convention veut, à coups de décrets, faire sortir du vieux sol national, une France armée, instruite et puissante, modèle offert à l'admiration et à l'émulation des peuples. Chargée avant tout de défendre la Patrie contre de terribles dangers extérieurs ou intérieurs, la Convention a momentanément ajourné l'œuvre de liberté et de décentralisation entreprise par la Constituante. Pour sortir de l'anarchie, elle a voulu reconstituer un gouvernement fort, pourvu de tous ses organes. Si elle a beaucoup détruit, elle a créé plus encore. Cambon fit instituer le *grand Livre de la Dette publique*. On établit le **système** décimal, qu'on voulut étendre à la mesure du temps par le *calendrier républicain* (douze mois égaux de 3 décades, avec une période complémentaire de cinq ou de six jours ; les noms des mois tirés des saisons, l'ère partant du 21 sept. 92). Pour l'instruction on créa l'*Institut*, les Écoles *polytechnique, normale, de Mars, navale*, etc., l'*Institut des Aveugles*, les *Musées*, le *Muséum*, les *Arts et Métiers*, le *Bureau des longitudes*, les *Écoles centrales*, et, du moins en théorie, les écoles primaires. La Convention élabora un projet de *Code civil*. — Son œuvre, improvisée, est incomplète : mais elle a laissé des plans admirables, et dont Napoléon s'inspirera sans en respecter complètement l'esprit.

Le Gouvernement du Directoire. — La Constitution de l'an III, par suite de l'unité d'origine des deux conseils, du système de renouvellement partiel appliqué dans des proportions différentes au pouvoir législatif et à l'exécutif (le 1/3 de l'un, le 1/5 de l'autre), condamne le gouvernement à osciller sans cesse entre les Jacobins et les royalistes, et à rétablir l'équilibre par des coups d'État. Après le complot royaliste de Pichegru vient le complot communiste de *Babœuf*. Les élections de 1797 donnent le pouvoir aux royalistes. Trois des Directeurs font entrer les troupes d'Augereau à Paris, déportent leur collègue *Barthélemy* et 65 députés, cassent les élections de 49 départements (18 fructidor an V, 4 sept. 97). Le Directeur Carnot, qui s'était opposé à la violation de la loi, n'échappa aux assassins que par l'exil. Le *22 floréal* an VI (11 mai 98), nouveau coup d'État des Directeurs, cette fois contre les Jacobins. Le *30 prairial* an VII (18 juin 99) ce sont les Conseils, aidés de Sieyès et de *Barras*, qui chassent les trois autres Directeurs. Au retour de Bonaparte, Sieyès fait voter par les Anciens le transfert des Conseils à Saint-Cloud et la nomination de Bonaparte au commandement des troupes (18 brumaire an VIII, 9 nov.). Le lendemain, les directeurs dé_missionnent, et Bonaparte fait envahir la salle des Cinq-Cents, à Saint-Cloud, par ses grenadiers. Il est nommé *Consul provisoire* avec Sieyès et Roger Ducos. Ce coup d'Etat, venant après tant d'autres, n'indigna personne et fut accueilli par la nation comme le début d'une ère de paix et de sécurité. — Le Directoire avait achevé de se rendre impopulaire par le *tiers consolidé* (les *mandats territoriaux*, qui avaient remplacé les assignats, servirent à rembourser les deux tiers de la dette), par la loi des *otages* qui rappelait la Terreur, par les déportations à la Guyane (*guillotine sèche*), etc.

V

La lutte contre l'Europe de 1792 à 1802.

La révolution de France eut pour résultat une longue guerre (à peine interrompue) de vingt-trois ans, comparable à celles qui suivirent la Réformation du XVIe siècle. La France repoussa l'Europe coalisée et domina sur la moitié du continent ; puis elle fut forcée de rentrer, à peu de chose près, dans ses limites de 1790, mais de cette lutte l'Europe sortit transformée.

L'Europe en 89. — Rien, dans la situation politique de l'Europe, ne faisait prévoir une union de tous les rois en faveur de la monarchie des Bourbons. La diplomatie du XVIIIe siècle, indifférente aux principes et aux sentiments, ne s'inspire que de la raison d'Etat, n'agit qu'au moyen de l'intrigue et de la corruption, se livre à un odieux marchandage de terres, d'hommes et de revenus, sans observer d'autre loi que celle de l'égalité des parts (Pologne, etc.). La Révolution acclamée par les philosophes et les poètes (Kant, Klopstock) n'émeut guère les gouvernements. Ils se réjouissent plutôt de voir la France condamnée à l'impuissance. Joseph II, par ses tentatives de centralisation artificielle, a causé une révolution en Belgique ; mais comme cette révolution est conservatrice,

aristocratique et cléricale (parti de van der Noot ou des *sta-
tistes*), qu'elle poursuit les démocrates et les novateurs (*vonc-
kistes*), il ne voit pas qu'elle n'est qu'une application de ce
dogme de la souveraineté nationale proclamé par la Constituante et par les fédérés de Juillet 1790. L'Angleterre occupe de
vive force la baie de *Nootka*, dans la Californie espagnole ;
mais l'Assemblée déclare que la nation n'est pas liée par des
traités dynastiques, tels que le *Pacte de famille*, et l'Espagne,
non secourue, se jette dans les bras de l'Angleterre.

Question d'Orient. — L'Europe est alors bien moins
préoccupée des affaires de France que de celles d'Orient.
Catherine n'a pas renoncé à son *projet grec*. Elle injurie, il
est vrai, de loin les constituants, mais elle soutient en Suède
l'aristocratie contre *Gustave III* et elle s'oppose à la suppression de l'anarchie en Pologne. Frédéric-Guillaume II, entouré
d'*illuminés* et de *rose-croix*, de favoris et d'aventuriers, veut
réagir contre les tendances de son oncle Frédéric II. Son ministre *Herzberg* parle de former une alliance contre l'Autriche et la Russie, avec la Suède, la Pologne et la Turquie.
Léopold II, ancien duc de Florence, roi de Bohême et de
Hongrie par la mort de son frère Joseph, est un politique habile, qui répare doucement les fautes commises en Brabant
et dans toute la monarchie. Il est assez peu sensible aux
malheurs de sa sœur Marie-Antoinette qu'il n'a pas vue depuis l'âge de dix ans, et il ne trouve pas que l'alliance de
1756 ait été favorable à l'Autriche. Aidé par le vieux ministre
Kaunitz, il détache l'Angleterre de la Prusse, fait disgracier
Herzberg, a une entrevue avec Frédéric-Guillaume à **Reichenbach** (27 juillet 1790). La Prusse conseille aux Turcs
de traiter (paix de *Sistova* avec l'Autriche, préliminaires de
Galatz avec la Russie). Elle promet à l'Autriche de l'aider en
Brabant. Elle insinue à l'Autriche que celle-ci pourrait profiter de l'anarchie française pour reprendre l'Alsace et échanger la Belgique contre la Bavière, ce qui permettrait à la
Prusse, en vertu du principe des parts équivalentes, de s'an-
nexer Juliers. Catherine se hâte de signer avec la Suède la
paix de *Verela*. Ces traités maintiennent le *statu quo* en
Orient.

La Révolution et l'Europe. — La Révolution paraissait d'autant moins menaçante que l'Assemblée avait déclaré

solennellement que la France renonçait aux conquêtes. — Il y avait cependant deux points noirs. *Avignon* et le *Comtat*, sou_vent occupés passagèrement par nos troupes sous l'ancien régime, n'avaient jamais été, en droit, sérieusement disputés au Pape. A la suite des troubles qui y éclatèrent en 90, il se forma dans le Comtat un parti papiste et un parti français, qui se livrèrent à d'odieux massacres ; l'Assemblée intervint pour rétablir l'ordre et laissa entendre que les populations seraient consultées sur le gouvernement qu'elles préféraient. C'est aussi au nom de la souveraineté populaire qu'elle prétendait faire exécuter les décrets du 4 août non seulement dans les terres des seigneurs alsaciens, mais aussi dans les terres des seigneurs allemands qui avaient une partie de leurs possessions en Alsace. La situation juridique de l'Alsace, réglée par les traités de Westphalie, était des plus compliquées ; la France, substituée en Alsace à la fois à l'Autriche et à l'Empire, exerçait des droits très différents sur les habitants du *landgraviat*, qui étaient ses sujets, sur les *princes possessionnés*, qui n'étaient que ses vassaux, sur la *Préfecture des dix villes*. La Constituante déclarait que l'Alsace, en déléguant des représentants aux États généraux, avait renoncé à sa situation spéciale ; elle s'était fondue dans l'*empire français*, elle avait consenti d'avance aux décrets du 4 août. On voit la conséquence féconde de ce principe : tout peuple, par un vote, a le droit de se réunir à la France, mais dès lors il perd le droit de se séparer de l'indivisible nation. Les princes allemands, l'Empire et l'Europe font appel à un droit public fondé sur les traités, sur les contrats particuliers signés entre les vassaux et le suzerain. L'Assemblée invoque un droit nouveau, fondé sur la nationalité librement consentie, en vertu duquel les princes allemands possessionnés en Alsace ne sont plus que des propriétaires soumis, pour leurs terres de France, à la teneur des lois françaises. Elle offrit aux princes des indemnités pécuniaires, mais refusa de reconnaître leur droit. Dès lors il n'y avait plus de commune mesure entre la nation française et les gouvernements de la vieille Europe : de ce conflit insoluble, la guerre seule pouvait sortir.

D'autre part, l'Europe commençait à s'apercevoir que cette révolution, loin d'affaiblir la France, agissait à la façon des révolutions religieuses et se répandait au dehors avec une force effrayante de propagande. Malgré la différence des mouvements, C. Desmoulins publie ses *Révolutions de France et de Brabant*. Les patriotes hollandais, chassés par la Prusse qui a rétabli le stathoudérat, se réfugient en France. Le Prussien Anacharsis Clootz présente à l'Assemblée une députation du *genre humain*. Le paysan allemand de la rive gauche du Rhin envie le sort du paysan français, les idées françaises se répandent à Mayence, etc.

L'émigration. — L'Europe est sollicitée d'intervenir de deux côtés à la fois. Après le vote de la Constitution civile, Marie-Antoinette pousse le roi à envoyer un agent secret, le marquis *de Breteuil*, auprès des cours étrangères. Le roi devait gagner une place forte de la frontière pendant que les souverains tiendraient près de là un congrès comminatoire appuyé d'un grand déploiement de troupes ; on espérait que la nation intimidée se jetterait dans les bras du roi, qui servirait de médiateur et établirait une Constitution conforme à sa déclaration du 23 juin 89.

Près des souverains intriguaient aussi les *émigrés*, ces premiers émigrés qui avaient quitté la France non pour défendre leur vie ou leur foi, mais pour ne pas renoncer à leurs privilèges. Courageux, mais frivoles et entêtés, ils ne voient dans la nation qu'un ramassis de canailles et croient que la « vraie France » a passé les frontières avec eux. A Turin, auprès du roi de Sardaigne, à Mantoue, auprès de Léopold, c'est leur chef le plus bouillant, *le comte d'Artois*, qui réclame l'intervention d'une armée anglo-suédoise en Normandie, autrichienne en Flandre, russo-prussienne sur le Rhin, sarde en Provence, espagnole dans le S.-O. Attachés surtout à leurs privilèges aristocratiques, ils méprisent leur roi, ils haïssent la reine, et surtout lorsque le comte de Provence (*Monsieur*) a installé une *régence* à Coblentz, ils contrecarrent sans scrupule les plans de la cour. Cette armée « où il n'y a que des officiers » n'a pas de réelle valeur militaire. Ces jeunes nobles armés contre leur patrie, restent malgré tout Français et se font détester de l'étranger.

Léopold ne veut pas agir sans une action commune de toute l'Europe. Or, en Angleterre, tandis que *Fox* et *Burke* avaient rompu leur vieille amitié et dépensé leur éloquence, le premier à défendre la révolution de France, le second, à l'injurier, Pitt continuait à croire que le mieux était de la laisser aller son train. En Pologne, le 3 mai 1791, la diète vota une constitution nationale, unitaire et monarchique (suppression du *liberum veto* et du droit de *confédération* ; hérédité de la monarchie dans la maison de Saxe après la mort de Stanislas-Auguste ; réformes sociales). La Prusse et l'Autriche feignirent, par le traité de Berlin, de reconnaître cette Constitution. Mais Catherine confond dans la même haine les *Jacobins* de Varsovie et ceux de Paris. — Après l'échec de la fuite du roi (25 juin), l'Empereur se décide à demander la réunion d'un congrès (circulaire de *Padoue*, 6 juillet).

Les émigrés sont rejoints à Aix-la-Chapelle par Gustave III, roi de Suède, que Catherine a eu l'habileté de pousser vers la France. Elle veut une guerre sur le Rhin, pour pouvoir régler toute seule les affaires polonaises. Léopold reçoit sèchement le comte de Provence, refuse de l'admettre aux conférences tenues à **Pillnitz** avec le roi de Prusse. Le 27 août les deux souverains se bornent à exprimer des vœux pour le rétablissement d'une monarchie modérée en France et pour l'union à cet effet de *toutes les puissances* : « alors et dans ce cas » la Prusse et l'Autriche agiront avec toutes leurs forces. La neutralité de l'Angleterre rendait cette déclaration toute platonique. Aussitôt que Louis XVI a paru accepter la Constitution, Léopold en profite pour ajourner ses armements. Ce sont les émigrés qui répandirent en France la déclaration anodine de Pillnitz, en l'accompagnant d'un menaçant commentaire. Dès lors le sentiment exalté de l'unité nationale, le désir de maintenir l'œuvre de la Constituante et de conserver la propriété des biens nationaux, l'intention qu'affichaient les émigrés de rétablir l'intégrité de l'ancien régime, rendirent la guerre très populaire même parmi les paysans de France. Bientôt le sage Léopold sera remplacé par l'imprudent *François II*, un revirement se produira à la cour de Prusse, et Catherine saura bien exciter ses deux rivaux à faire une croisade contre la France révolutionnaire. La France y répondra par une autre croisade, faite au nom de la liberté, avec la complicité des peuples. Elle est devenue un non-sens dans l'Europe de l'ancien régime ; elle ne peut y reprendre sa place qu'à condition de la bouleverser.

Les conquêtes. — Sur la proposition de Louis XVI, la Législative avait déclaré la guerre « au roi de Bohême et de Hongrie », 20 avril 1792. La France avait trois armées : *Rochambeau* à Dunkerque, *La Fayette* sur la Moselle, *Luckner* sur le Rhin. Les paniques de Lille et de Valenciennes nous empêchent de marcher sur la Belgique. La Fayette quitte la France, *Dumouriez* vient prendre le commandement du camp de Maulde. Le duc de Brunswick, général en chef de la coalition austro-prussienne, marche avec les Prussiens sur *Longwy* qui capitule le 23 août, sur *Verdun* qui capitule le 2 septembre, les Autrichiens sur Thionville et Stenay. Dumouriez voulait défendre les *défilés de l'Argonne* ; tourné par la Croix-au-Bois, il quitte Grandpré pour aller se poster à Sainte-Menehould (nuit du 15 au 16) et fait face à l'ouest. Kellermann le rejoint par Bar-le-Duc. Après la *canonnade de Valmy* (20 sept.), les Prussiens opèrent leur retraite (1er oct.). *Lille* a résisté aux Autrichiens, qui sont forcés à lever le siège (8 sept.-9 oct.). *Montesquiou* entre à *Chambéry* (24 sept.), *Anselme* à *Nice* : la Savoie et Nice sont réunis à la France. *Custine* occupe le Palatinat, Mayence, Francfort.

Dumouriez, vainqueur à *Jemappes* (6 nov.), entre à Bruxelles. Malheureusement la mort du roi détermine tous les souverains à entrer dans la *coalition*, désormais soutenue par l'Angleterre. L'invasion de la Hollande échoue, car la défaite de *Miranda* par *Cobourg* à *Aldenhoven* force Dumouriez à revenir ; battu à *Nerwinde* (18 mars 93), il essaie vainement d'entraîner ses troupes dans sa trahison (3-5 avril).

Pour résister à la seconde invasion, la Convention décrète une *levée de 300.000 hommes* (plus tard *levée en masse*). Mais Mayence capitule le 24 juillet, Condé, Valenciennes, Dunkerque, Maubeuge sont assiégés. *Houchard*, par la victoire de *Hondschoote* force le *duc d'York* à lever le siège de Dunkerque. La victoire remportée par *Jourdan* et par Carnot à *Wattignies* (15-16 oct.) débloque Maubeuge. Brunswick et *Wurmser* s'étaient emparés de Wissembourg ; Hoche, par le combat de *Geisberg*, reprend *Landau* (26 déc.). *Dagobert* combat les Espagnols, qui occupent Port-Vendres.

En 1794 l'armée de *Sambre-et-Meuse* (Jourdan), victorieuse à *Fleurus* (26 juin), reconquiert la Belgique et la rive gauche du Rhin. L'armée du *Rhin* (*Pichegru*) envahit la Hollande, capture la flotte du stathouder, établit la *République batave*

(1795). Aux Alpes nous prenons le camp de *Saorgio*. Dugommier entre en Catalogne, *Moncey* en Biscaye.

Nos côtes sont bloquées par les Anglais, qui arrêtent les convois de blé (le *Vengeur*, 1er juin), ils prennent les Antilles françaises et Pondichéry.

Les armées et les généraux. — On avait d'abord utilisé les débris de l'armée royale et les *volontaires*. Ces troupes étonnèrent le roi de Prusse par leur tenue à Valmy, petit combat (900 morts), victoire immense. Après les grandes levées de 1793, on disciplina les recrues en les encadrant au milieu de l'ancienne armée (*amalgame*) pour constituer les *demi-brigades*. Il fallut fournir cette armée innombrable de matériel de guerre (forges de canon, Fourcroy fond les cloches) et de munitions (Berthollet extrait le salpêtre des murs. Télégraphe aérien de Chappe, ballons captifs). Ces soldats sont animés des passions révolutionnaires et nationales. ils supportent toutes les privations pour obtenir un *bien mérité de la patrie* ou les honneurs du *Panthéon*. Afin d'utiliser leur élan, on renonce à la tactique de la guerre de Sept ans pour revenir à l'ordre profond. **Carnot**, aidé par ses bureaux où il abrite des ci-devant nobles, prescrit l'action par grandes masses sur un point donné, qu'il pratique à Wattignies. Il étend ce système à toute une frontière, considérée comme un unique champ de bataille, puis à tout le théâtre de la guerre (légende des *quatorze* armées). Ce système nécessite une intendance bien organisée (*Prieur* de la Côte-d'Or), une stratégie foudroyante. Cette guerre nouvelle est faite par des hommes nouveaux. A part quelques nobles qui n'ont pas émigré (*Dampierre* et, dans la marine, *Villaret-Joyeuse*, etc.) les généraux sont d'anciens sous-officiers (Marceau, Hoche) ou des soldats de fortune (Kléber). Excités par les représentants en mission (Jourdan à Wattignies), punis de mort s'ils se laissent battre (Custine), excusés s'ils se sont conduits avec honneur (les Mayençais), ils se distinguent, au début, par leur désintéressement, leur moralité, leur esprit civique. leur humanité envers les peuples conquis. L'armée. suivant le mot de Jourdan, « combat les ennemis du dehors et ne s'occupe point de ce qui se passe à l'intérieur ».

Traités de Bâle. — La campagne de *17 mois* force l'Europe à compter avec la France. Sous Robespierre, le Comité avait remplacé les diplomates par des agents secrets. Après thermidor, on cherche à faire la paix, et à réaliser la doctrine, que la Révolution a héritée de l'ancien régime, des *frontières naturelles*. *Barthélemy*, ambassadeur en Suisse, est chargé de négocier. Le 9 février 1795, la Toscane reconnaît la République française. La Prusse en fait autant le *5 avril*, elle consent à ce que nous annexions toute la rive gauche du Rhin et nous promet sa médiation en Allemagne. La République batave (16 avril), puis le roi d'Espagne (un Bourbon) traitent avec nous. La Suède nous garantit sa neutralité.

Campagne d'Italie. — Le Directoire exécutif n'avait plus à lutter que contre l'Angleterre, l'Autriche et la Sardaigne. Hoche réussit à s'emparer de Stofflet et de Charette, abandonnés par le comte d'Artois et les Anglais (1796), et il acheva la pacification de l'Ouest. On tenta à deux reprises, vainement, de débarquer en Irlande (1796-1797). — Carnot élabora un vaste plan de guerre contre l'Autriche : *Jourdan* par le Main, *Moreau* par le Danube, *Bonaparte* par le Pô, devaient converger sur Vienne. Jourdan (armée de *Sambre-et-Meuse*) passa le Rhin trop tard à Dusseldorf ; battu à *Wurzbourg*, à *Altenkirchen* (mort de Marceau, sept. 1796) par l'archiduc *Charles*, il fut obligé de repasser le Rhin. Moreau (*armée du Rhin*) qui était en Bavière, opéra une lente et glorieuse retraite, par Biberach et la Forêt Noire. Hoche, qui avait remplacé Jourdan, venait de remporter la victoire de *Neuwied* lorsqu'on lui annonça qu'un armistice avait été signé par l'*armée d'Italie*.

Bonaparte, au lieu de traverser les Alpes de l'O. à l'E., les tourna du S. au N. par le col de Cadibone. Par les combats de *Montenotte*, *Dego*, *Millesimo*, *Mondovi* (avril), il rejette les Sardes vers les Alpes, les Autrichiens vers la Lombardie. Le roi de Sardaigne reconnaît l'annexion de Nice et de la Savoie, et nous laisse occuper Coni (armistice de *Cherasco*) Bonaparte poursuit *Beaulieu* et passe l'Adda à *Lodi* (mai). Il assiège la forte place de Mantoue. L'Autriche envoie successivement au secours de cette place quatre armées par les défilés du lac de Garde et de Trente. La première (*Wurmser*) est battue à *Salo*, *Lonato*, *Castiglione* (31 juillet-5 août 96). La seconde (*Wurmser*) battue à *Primolano*, *Bassano* et *Saint-Georges* (sept.) est obligée de s'enfermer dans Mantoue. *Alvinzy*, posté sur les hauteurs de Caldiero, force les Français à quitter Vé-

one ; mais dans les marais de l'Alpone, Bonaparte le bat à
Arcole (15-17 nov.). Revenu avec une quatrième armée, il est
repoussé sur le plateau de *Rivoli* (12-14 janv. 97). Son lieute-
nant Provera met bas les armes à la *Favorite* (16 janv.).
Wurmser capitule dans Mantoue le 2 février.

Bonaparte impose des traités au duc de Modène, au roi de
Naples, au pape (*Tolentino*). Il marche sur Vienne, bat l'archiduc Charles sur le *Tagliamento* à *Neumarkt* et lui impose
les préliminaires   *Léoben* (18 avril). Il organise les Républiques *cispadane, transpadane* et *ligurienne*. Une insurrection (*Pâques véronaises*) est punie par la destruction de la
vieille République aristocratique de Venise. Par la paix de
Campo-Formio (17 oct. 97) l'Autriche accepte les résultats
de la paix de Bâle promet ses bons offices pour les faire
approuver par l'Empire, cède la Lombardie (*République cisalpine*, formée de la Cispadane et de la Transpadane), mais
obtient toutes les possessions vénitiennes, sauf les îles
ioniennes, données à la France.

Campagne d'Égypte. — Avec l'espoir d'enlever aux
Anglais la route de l'Inde, Bonaparte se fait donner une flotte
et une armée, quitte Toulon (19 mai 1798), s'empare de *Malte*,
débarque à Alexandrie, bat les *Mameluks* au pied des **Pyra-
mides**. *Desaix* les poursuit à *Sediman*. Bonaparte organise le
pays et, avec les savants qui l'ont suivi, crée au Caire l'*Institut d'Egypte*. La flotte est détruite à *Aboukir* par *Nelson*
(1er août). Bonaparte entre alors en Syrie. Victorieux à *Gaza*,
à *Jaffa*, au *Mont-Thabor*, les Français sont décimés par la
peste et échouent devant *Saint-Jean-d'Acre*. Après avoir
repoussé une armée turque à *Aboukir* (juillet 1799), Bonaparte quitte précipitamment l'Égypte. Kléber abandonné
signe d'abord la convention *d'El-Arich*, puis se venge de la
perfidie des Anglais à *Héliopolis*. Assassiné le 14 juin 1800, il
est remplacé par *Menou* qui abandonne l'Égypte en sept. 1801.
Nous perdons Malte, prise par les Anglais.

Nouvelle coalition. — Le Directoire rêve, à partir de
1797, de s'entourer de petites républiques vassales. Il impose
à la Suisse (*Rép. helvétique*) une constitution calquée sur
celle de l'an III. A la suite de l'assassinat de *Duphot* à Rome,
Berthier proclame la *République romaine* et transporte Pie VI
à Valence. *Championnet* renverse les Bourbons de Naples
(*Rép. parthénopéenne*). Le Piémont est réuni à la France.

Une *nouvelle coalition* se forme ; la Turquie elle-même y adhère, mais pas la Prusse. Les plénipotentiaires français envoyés au *congrès de Rastadt* sont assassinés. Malgré la *loi de conscription*, les Français sont battus à *Stockach* (Jourdan), à *Magnano* (Schérer), à *Cassano* (Moreau). L'Italie est évacuée après la défaite de *Macdonald* (*la Trebbie*), qui réussit cependant à joindre Moreau dans Gênes, et la mort de *Joubert* à *Novi* (1799). Les Anglo-Russes débarquent au *Helder* ; mais *Brune*, vainqueur à *Bergen*, les force à évacuer la Hollande (convention d'*Alkmaar*). *Masséna*, envoyé en Suisse pour empêcher *Korsakov* de rejoindre la première armée russe (*Souvarov*), qui revient d'Italie, remporte sur Korsakov une éclatante victoire à **Zurich** (25-26 sept.). Souvarov aussi rentre en Russie. A cette date, Gênes résistait toujours à *Mélas* et aux Anglais. Masséna va s'y enfermer.

Campagne de 1800. — La situation extérieure, à la fin de 1799, sans être aussi grave que le prétendait Bonaparte au 18 brumaire, ne nous était pas favorable, malgré les victoires de Brune et de Masséna, et la résistance de Gênes ; l'Europe ne nous pardonnait pas la politique propagandiste du Directoire, et nos armées étaient dans le dénûment. Bonaparte qui avait appelé *Talleyrand* aux affaires étrangères, écrivit une lettre personnelle au roi d'Angleterre et à l'empereur, pour rejeter sur eux la responsabilité de la guerre. On annonça la formation à *Dijon* d'une armée d'Italie. En réalité, Carnot, ministre de la guerre, fit acheminer secrètement des troupes, qui, en mai, se trouvèrent réunies entre Genève et Lausanne. Pendant que Masséna défendait héroïquement Gênes contre les Anglo-Autrichiens (6 avril-4 juin), 40.000 hommes passaient le *Grand Saint-Bernard* (14-20 mai) et sortaient du val d'Aoste après avoir pris le fort de *Bard*. Lannes, par la victoire de *Montebello* (9 juin), empêcha Mélas de gagner Mantoue et le rejeta dans la plaine d'Alexandrie, où se livra la bataille de **Marengo** (14). Desaix y mourut, après avoir décidé de la victoire. Par la convention d'Alexandrie (15 juin), Mélas se retira derrière le Mincio.

Moreau, passant le Rhin à Bâle, avait tourné la Forêt-Noire, battu Kray à *Engen*, à *Mœskirch*, à *Hochstedt* (19 juin), à *Oberhausen* (mort de la Tour d'Auvergne) et signé l'armistice de *Parsdorf*. Les hostilités reprennent par la victoire de *Hohenlinden* (3 déc.). L'armistice de *Steyer* nous livre le Tyrol.

Macdonald, par le Splugen, marche contre l'armée de Mélas
et fait sa jonction avec Brune. L'armistice de *Trévise* (16 janvier 1801) a pour conséquence la paix de **Lunéville** (9 février) négociée entre Joseph Bonaparte et *Cobenzl*. L'Autriche reconnaît à la France la limite du Rhin, cède à la République cisalpine tous les pays à droite de l'Adige ; cette
république obtient aussi Modène et Parme ; le duc de Parme
sera *roi d'Etrurie*, son parent Charles IV d'Espagne nous
rend la Louisiane ; l'Empereur cédera au duc de Toscane
l'archevêché de Salzbourg, au duc de Modène le Brisgau.

Paix d'Amiens. — Nous n'avions plus d'ennemis que
l'Angleterre. L'Egypte a été évacuée par Menou (2 septembre 1801) et Malte a capitulé en 1800. Bonaparte obtient du
roi de Naples l'île d'Elbe et le droit de garnison dans plusieurs villes. Le tsar *Paul Ier*, mécontent de la conduite des
Anglais à Malte et des Autrichiens en Italie, conclut une *ligue
de neutralité armée* avec la Suède et le Danemark (26 décembre 1800), Pitt démissionne ; les Anglais bombardent Copenhague (2 avril 1801) ; Paul Ier est assassiné par les boïards
et *Alexandre Ier* revient à l'alliance anglaise. A la suite de
longues négociations, la paix d'**Amiens** (25 mars 1802) laisse
à l'Angleterre la Trinité espagnole, Ceylan hollandaise ; elle
rendra Malte aux chevaliers, l'Egypte aux Turcs. La paix générale est confirmée par le *recès* impérial du 25 février 1803
qui indemnise les princes allemands, donne à notre alliée la
Prusse Hildesheim, Paderborn, Munster, l'Eichsfeld, Erfurt ; à
la Bavière Augsbourg, Wurzbourg, etc ; à l'Autriche Brixen
et Trente, etc., etc. Aux colonies l'esclavage des noirs, supprimé en 1793, fut rétabli par Bonaparte ; les noirs furent
soumis à la Guadeloupe. A Saint-Domingue ils étaient dirigés
par *Toussaint-Louverture*, qui avait chassé les Anglais : Villaret-Joyeuse et Leclerc reprirent l'île en 1802, mais un autre
noir *Dessalines* se fit proclamer empereur d'Haïti (*Jacques Ier*)
en 1803.

Synchronisme des principaux événements
de 1789 à 1800.

	FRANCE	GUERRES ET POLITIQUE ÉTRANGÈRE
1789	24 janvier : Doublement du Tiers. 5 mai : *Réunion des Etats généraux.* 17 juin : *Assemblée nationale.* 20 — : *Serment du jeu de Paume.* 23 — : Séance royale. 27 — : Réunion des ordres. 9 juillet : *Assemblée constituante.* 12 — : insurrection de Paris. 14 — : *Prise de la Bastille.* 17 — : Le roi à Paris. *Cocarde nationale.* 4 août : *Abolition de la féodalité.* 5-6 octobre : *Journées de Versailles.*	Constitution américaine. Révolution de Brabant.

	30 mai : **Fédération de Lyon.** 14 juillet : *Fédération du Champ-de-Mars.*	27 juillet : **Reichenbach.** **Traités de Sistova, Galatz, Vereloe.**
1791	2 avril : **Mort de Mirabeau.** 21-25 avril : *Fuite du roi.* 17 juillet : **Emeute du Champ-de-Mars.** 3 septembre : *Constitution de 91.* 30 — : **Séparation de l'Assemblée.** 1er octobre : *Législative.*	3 mai : **Constitution polonaise.** 6 juillet : **Circulaire de Padoue.** 27 août : *Pillnitz.* 23 septembre : **Annexion du Comtat.** Question d'Alsace.
1792	10 mars : **Ministère girondin.** 20 juin : *Invasion des Tuileries.* 5 juillet : *Patrie en danger.* 10 août : *Prise des Tuileries.* 2-6 septembre : *Massacres des prisons.* 21 septembre : *Convention nationale.* — : *République française.* 11 décembre : **Procès de Louis XVI.**	20 avril : *Déclaration de guerre.* 25 juillet : *Manifeste de Brunswick.* 23 août : **Capitulation de Longwy.** 2 septembre : **Capitulation de Verdun.** 20 septembre : *Valmy.* 8 septembre-9 octobre : **Siège de Lille.** 6 novembre : *Jemappes.* **Annexion de la Savoie et de Nice.** **Occupation du Palatinat.** **Suffren dans l'Inde.** — **Paix de Iassy.**

Synchronisme des principaux événements
de 1789 à 1800 (*Suite.*)

	FRANCE	GUERRES ET POLITIQUE ÉTRANGÈRE
1793	21 janvier : *Mort de Louis XVI.* 10 mars : *Soulèvement de la Vendée.* 31 mai-2 juin : *Chute des Girondins.* Constitution de l'an I. 13 juillet : Mort de Marat. Septembre : Loi des suspects. 9 octobre : Prise de Lyon. 18 — Cholet. 23 décembre : Savenay.	18 mars : Nerwinde. 3-5 avril : *Trahison de Dumouriez.* Hondschoote. 15-16 octobre : *Wattignies.* 26 décembre : Landau.
1794	Mars-avril : Procès des Dantonistes. Loi du 22 prairial.	26 juin : Fleurus. Défaite de Kosciusko.

1794	27 juillet : *9 thermidor* an II.	
1795	Journées des 1er, 12 germinal, 1er prairial.	République batave.
	1er juin : Le Vengeur.	9 février : Traité avec la Toscane.
	20 juillet : Quiberon.	5 avril : *Traités de Bâle.*
	Constitution de l'an III.	Dernier partage de la Pologne.
	5 octobre : 13 vendémiaire an III.	
	Directoire exécutif.	
1796	Pacification de la Vendée.	Campagnes d'Allemagne et d'Italie. — Mort de Catherine II.
1797	4 septembre : *18 fructidor* an V.	18 avril : Léoben. — Républiques cispadane, transpadane et ligurienne. Pâques véronaises.
		17 octobre : *Campo-Formio.*
		Républiques cisalpine, helvétique, romaine, parthénopéenne.
		Annexion du Piémont.
1798	11 mai : 22 floréal an VI.	Campagne d'Egypte.
1799	18 juin : 30 prairial an VII.	2e coalition.
		25-26 septembre : Zurich.
		Campagne de Syrie.
	9 novembre : *18 brumaire* an VIII.	Siège de Gênes.
	10 — : Consulat provisoire.	Mort de Tippou-Sahib.
	Constitution de l'an VIII.	

VI

Le Gouvernement consulaire
et impérial.

La Constitution de l'An VIII et ses transformations. — Napoléon Bonaparte, né à Ajaccio le 15 août 1769, déjà illustré par ses campagnes, est accepté comme un sauveur. Il tire du projet de Constitution savamment élaboré par Sieyès la Constitution quasi-monarchique de l'an VIII : Un *premier consul*, qui nomme tous les fonctionnaires, assisté de deux *seconds consuls* (Cambacérès et Lebrun) : ils sont élus pour dix ans ; un *Conseil d'État* qui prépare les lois d'accord avec le pouvoir exécutif ; un *tribunat* qui les discute ; un *corps législatif* qui, après avoir entendu trois conseillers d'État et trois tribuns parler pour et contre la loi, la vote ou la rejette en silence ; un *sénat conservateur*. — Le peuple, au lieu d'élire directement ses représentants, prépare des listes de *notabilités* communales (500.000), départementales (50.000), nationales (5.000). Bonaparte a nommé lui-même le Conseil d'État et la moitié du Sénat, qui se complète par cooptation, et qui ensuite nomme les législateurs, les tribuns et les juges de cassation. — Après la paix d'Amiens (1802), le *sénatus-consulte* et le *plébiscite de l'an X* prorogent son pouvoir pour dix ans, puis lui donnent le consulat *à vie* avec le droit de désigner son successeur. Les listes de notabilités sont remplacées par des *collèges électoraux*, dont les membres sont élus à vie. Les sénatus-consultes obtiennent force de loi organique. Le Tribunat est réduit. Le premier consul s'entoure d'un *conseil privé*. — Il ne manque plus qu'un titre au rétablissement de la monarchie. En 1804, après le complot avorté de Pichegru et *Cadoudal*, et l'assassinat du *duc d'Enghien* (enlevé sur le territoire badois et fusillé à Vincennes), le Sénat (sénatus-c. de *l'An XII*) lui confère le titre d'*empereur héréditaire de la République française*. Un plébiscite lui confirme ce titre qui, à défaut d'héritiers directs, est transmissible à deux de ses frères, Joseph et Louis. Le Tribunat sera supprimé en 1807.

Esprit des institutions du Consulat et de l'Empire. — Ce gouvernement est une monarchie sous des noms républicains. Bonaparte, concentrant tous les pouvoirs, a promis de rétablir l'ordre et la paix. Il frappe sur les jacobins (procès d'*Aréna*), rapporte les lois sur les otages, les prêtres, les *fructidorisés*, adoucit progressivement celles sur les émigrés. En même temps il garantit aux acheteurs de biens nationaux la propriété de leurs terres ; sa vie devient alors précieuse à des millions de Français ; cette vie est mise en péril par la *machine infernale* (24 déc. 1800), il profite de l'émotion populaire pour déporter les républicains et amnistier les émigrés. — S'il a consacré la révolution sociale en proclamant l'inviolabilité des biens nationaux, il rétablit la centralisation administrative par la création des *préfectures* et *sous-préfectures*. Les maires, les conseillers municipaux, les conseillers généraux, sont choisis par lui sur les listes de notabilités. — Au point de vue judiciaire, il crée un tribunal de *première instance* par arrondissement, et 29 tribunaux d'*appel* ; il réduit les attributions des juges de paix. Les magistrats d'une cour d'appel, assistés d'un jury de jugement forment le tribunal criminel (cour d'*assises*), qui siège au chef-lieu du département. La cour de *cassation* subsiste, de même que le *ministère public*, déjà rétabli par la Convention. Les juges sont nommés par le premier consul (sauf les juges de paix et les juges de cassation), et *inamovibles*. La Haute Cour Impériale juge les crimes d'Etat.

Les Codes. — L'œuvre *civile* et *sociale* des assemblées révolutionnaires passe dans les *Codes*. Le Code *Napoléon* est, en somme, le projet de Code civil de la Convention, repris par une commission (1800-1803) et rendu plus pratique, mieux adapté à la situation actuelle des Français par Bonaparte lui-même. On eut soin, d'ailleurs, d'émonder les projets révolutionnaires, d'effacer tout ce qui aurait donné au Code une allure trop franchement démocratique et libérale. Il fut promulgué définitivement en 1807. Il maintient la liberté individuelle et l'égalité, l'état civil, et constitue la propriété d'après les principes du droit romain. Il rétablit partiellement la liberté de tester (*quotité disponible*). — En 1806 le Code de *procédure civile* et le Code d'*instruction criminelle*, en 1810 le Code *pénal* sanctionnèrent également l'œuvre de la Révolution. Le Code de *commerce* parut en 1810. — Napoléon tenait à se faire passer pour le principal auteur de cette grande œuvre législative, « nouveau Justinien ».

Légion d'honneur, cour impériale, noblesse d'empire. — En mai 1802 est créée la croix de la **Légion d'honneur** ; l'ordre comprend 15 *cohortes*, avec *grands-officiers, commandeurs, officiers* et *chevaliers*. Ces titres récompensent les services militaires et civils. — Dès le Consulat, le palais des Tuileries est une cour. Mme Bonaparte (Joséphine de Beauharnais) y tient un rôle officiel, on y attire des membres de l'ancienne noblesse, on y rétablit l'*étiquette* de l'ancien régime. En 1804, l'empereur est *sacré* à Notre-Dame par Pie VII. Les membres de sa famille sont *princes français*. Il crée six *grands dignitaires*, seize **maréchaux**, des *grands-officiers* militaires et civils. Il rétablit la noblesse héréditaire abolie par la Révolution, en faveur de ses serviteurs : les dignitaires sont *princes*, les ministres, etc., *comtes*, les présidents des cours et les maires des grandes villes, *barons*. L'empereur leur donne même le droit d'instituer des *majorats* en faveur de leur fils aîné. Il crée aussi, en faveur de ses lieutenants, des titres de noblesse qui rappellent leurs victoires : ducs de Castiglione, de Montebello, d'Elchingen ; princes de Wagram, de la Moskowa, etc. Ces titres sont également héréditaires. Ils sont accompagnés de dotations en argent ou même en terres. — La noblesse d'Empire se confond, dans les mêmes cadres sociaux, avec la noblesse d'ancien régime, les Bassano ou les Cadore coudoient les Rohan ou les Montmorency, ralliés au nouveau maître.

Le Concordat et les Articles organiques. — En 1799, la France vivait, assez paisiblement, sous le régime de la séparation des Églises et de l'État. Mais Bonaparte sentait quelle force ajouterait à son pouvoir une alliance avec l'Église romaine. Le nouveau Justinien voulait être un nouveau Constantin, un nouveau Charlemagne. Il négocia avec le pape Pie VII (dès 1800 entre Joseph Bonaparte et le cardinal Consalvi, puis entre Spina et Bernier). Les évêques *assermentés* et *insermentés* furent également astreints à démissionner, et ensuite on créa un clergé nouveau par la fusion des deux anciens. Le **Concordat** (15 juillet 1801) donna la nomination des prélats au premier consul, l'investiture au pape. Les évêques prêtent serment de fidélité au gouverne-

ment. Le pape sanctionna la reprise par la nation des biens
du clergé, l'établissement du *budget des cultes*, et accepta
une nouvelle répartition des diocèses, qui fut, à quelques
corrections près, celle de 1791. — Au Concordat, le premier
consul ajouta les *Articles organiques* du 18 germinal an X
(loi intérieure, qui n'a jamais été reconnue par le pape, tandis que le Concordat est un traité), qui, sous couleur de
rétablir les libertés de l'Eglise gallicane, mettaient le clergé
dans la main du pouvoir. Un décret de l'an XII autorisa
l'existence de certaines congrégations. Les cultes protestant
et israélite furent reconnus.

Lutte contre le Pape. — Si l'Empereur a rendu ses
droits à l'Eglise, c'est pour faire du clergé catholique
une « gendarmerie sacrée » ; il n'entend pas lui laisser une
indépendance qui pourrait devenir menaçante pour son gouvernement. Napoléon se regarde à la fois comme le chef de
l'Église gallicane et comme l'héritier de Charlemagne « son
auguste prédécesseur » et des Césars du Saint-Empire.
Pie VII n'ayant pas complètement appliqué le système continental, Rome et son territoire furent réunis à l'Empire
(1808). Le pape excommunia l'empereur, qui le transporta
à *Savone*, puis à Fontainebleau. — Usurpant sur les droits
de l'autorité spirituelle, Napoléon imposa à l'Église de France
un *catéchisme* unique, où les devoirs envers l'empereur sont
mentionnés. Par le décret de 1810, il remit en vigueur les
maximes de 1682 et réunit un concile national en 1811. Les
prélats qui parlèrent en faveur du pape furent enfermés.
Napoléon se trouva entraîné à violer le Concordat par le
décret de 1811, et à enrégimenter les prêtres réfractaires :
c'était recommencer la politique des assemblées révolutionnaires. C'était inquiéter les consciences catholiques, qu'avait
rassurées le Concordat.

VII

La Politique extérieure de Napoléon.

**La lutte contre l'Angleterre ; les guerres jusqu'au
traité de Tilsitt : Austerlitz.** — La nomination de Bonaparte comme *président de la République italienne* (25 janvier

1802), puis comme empereur et *roi d'Italie* (26 mai 1805, son beau-fils *Eugène de Beauharnais* est vice-roi), la nouvelle annexion du Piémont et celle de l'île d'Elbe, puis de Gênes, l'intervention de Bonaparte en Suisse (*médiateur* de la Confédération), la mort du duc d'Enghien, etc. renouvellent la guerre. L'entreprise du *camp de Boulogne* (invasion de l'Angleterre) échoue parce que les trois flottes de *Missiessy*, *Ganteaume* et *Villeneuve* ne se rencontrent pas aux Antilles ; la dernière, battue au cap *Finisterre*, s'enferme dans Cadix. Napoléon reporte alors sa **Grande Armée** en arrière sur une vaste ligne tirée du Hanovre à Bâle, pendant que Masséna occupe la Haute-Italie. Les coalisés dirigent un corps suédo-russe sur le Hanovre, un corps autrichien (*Mack*) sur le Danube, un autre (archiduc *Charles*) sur l'Italie, un corps anglo-russe sur Naples, menacée par les Français. — **Mack** s'avance loin du gros de l'armée austro-russe jusqu'à *Ulm*. 200.000 Français atteignent le Danube bien en aval d'Ulm, à *Donauwœrth*, et le remontent par les deux rives. A droite *Murat* est vainqueur à *Wertingen*, à gauche *Ney* à *Gunzbourg*. Après les combats d'*Elchingen* et de *Nördlingen*, Mack enfermé dans Ulm capitule (16 oct.) avec 30.000 hommes ; Napoléon descend alors le Danube, entre à Vienne, où il est rejoint par Masséna, qui a battu l'archiduc à *Caldiero*. Il marche contre la grande armée austro-russe, placée en Moravie sous le commandement de Kutusov. Il remporte une foudroyante victoire, entre les marais de *Telnitz* et le plateau de *Pratzen*, près d'**Austerlitz** (2 déc. 1805), accorde une entrevue à François II à *Urschitz* et, par la paix de **Presbourg** (26 déc.), le force à livrer Venise, le Frioul, l'Istrie, la Dalmatie au royaume d'Italie ; Passau, le Tyrol, le Vorarlberg au duc de Bavière, nommé roi ; la Souabe au nouveau roi de Wurtemberg ; le Brisgau et Constance au grand-duc (ancien margrave) de Bade. — Les Bourbons sont chassés en Sicile, et *Joseph* Bonaparte est roi de Naples. La République batave devient royaume de Hollande pour *Louis* Bonaparte. Le 12 juillet 1806, les rois de Bavière et de Wurtemberg, les grands ducs de Berg (Murat) et de Bade, etc. **se** séparent du Saint-Empire et forment la **Confédération du Rhin** sous le protectorat de Napoléon. François II perd son titre d'empereur d'Allemagne pour ne plus être que François I*er*, *empereur d'Autriche*. — La flotte franco-espagnole de Villeneuve a été battue par Nelson à **Trafalgar**, le 21 oct. 1805.

Iéna, Friedland. — La Prusse. notre ancienne alliée, blessée par le passage de nos troupes à Anspach, avait signé, le *3 nov. 1805*, un traité secret avec la Russie. Elle est irritée par la formation de la Confédération du Rhin et par les obstacles opposés par Napoléon à la formation d'une Confédération de l'Allemagne du Nord, par ses négociations équivoques avec l'Angleterre au sujet du Hanovre, par la dureté de la domination française dans l'Allemagne du Sud (exécution de *Palm*). Poussé par la reine *Louise*, par son neveu le prince *Louis*, par les nobles qui insultent le ministre *d'Haugwitz*, Frédéric-Guillaume exige l'évacuation de l'Allemagne (1er octobre 1806), se coalise avec la Russie, l'Angleterre, la Suède, et incorpore les troupes saxonnes dans son armée, commandée par Brunswick.

L'armée française, concentrée sur le Main, tourne Brunswick en franchissant le Thuringerwald, *Bernadotte* débouche dans la vallée de la Saale par Schleiz, Lannes par *Saalfeld*, où le prince Louis est tué. Le 14 octobre, l'Empereur ayant occupé le *Landgrafenberg* avec Murat, Lannes, Ney. Augereau, culbute l'armée de *Hohenlohe* à **Iéna** et entre à Weimar. Le même jour, plus au Nord, *Davout*, établi avec 30.000 hommes sur le plateau d'**Auerstædt**, repousse le gros de l'armée prussienne, qui se retire vers l'Ouest. Les Français entrent à Berlin (27 oct.), où Napoléon déclare les Iles britanniques en état de blocus (21 nov.), et soulève la Pologne.

Les Russes entrent alors en campagne. Après la victoire de Ney à *Heilsberg* (22 janv. 1807), *Bennigsen* livre un terrible combat à **Eylau** (8 fév.) ; l'arrivée de Ney, à notre gauche, força les Russes à se retirer. *Danzig* est prise par *Lefebvre* après un siège de trois mois. Les Russes reviennent contre nous et échouent à **Friedland** (14 juin). — Napoléon et Alexandre se rencontrent à Tilsitt (25 juin) et signent la paix le 8 juillet : le tsar nous cède Cattaro et les îles Ioniennes et adhère au blocus continental ; Napoléon l'autorise à prendre la Finlande aux Suédois, les principautés danubiennes au sultan. Il rend à Frédéric-Guillaume la Prusse, la Poméranie prussienne, le Brandebourg, la Silésie. — Les possessions occidentales de la Prusse forment le royaume de *Westphalie* pour *Jérôme* Bonaparte ; la Pologne prussienne devient *grand duché de Varsovie* pour l'électeur, désormais roi de Saxe.

Grande Armée et généraux. — Napoléon a mis sur

pied des armées immenses pour ce temps. La grande **Armée** de 1804 était de 200.000 hommes, sans compter les corps qui opéraient en Italie. Il a fait mouvoir ses troupes avec une rapidité effrayante (la campagne d'Ulm dure trois semaines). Il excite chez les soldats l'amour de sa personne, parcourt leurs bivouacs la veille des batailles, les enflamme par ses harangues, les récompense par des croix d'honneur, par un avancement rapide, par la gloire qu'il leur attribue dans ses *Bulletins*. Les soldats se battent au cri de *Vive l'Empereur !* et parlent familièrement du *petit caporal*. Mais ils n'ont plus l'esprit civique et le désintéressement des soldats de la Convention. Cette armée est recrutée au moyen de la *conscription* mitigée par le *tirage au sort* et le *remplacement*. On y distingue la *garde* (7.000 h.), d'abord consulaire, puis impériale, composée de grenadiers qui ont fait les campagnes d'Égypte et d'Italie.

Les généraux sont presque tous d'anciens officiers de la République, presque tous sortis du peuple : Murat fils d'un aubergiste, Lannes fils d'un palefrenier, Ney, d'un tonnelier, etc. La plupart sont restés célèbres par leur courage et leurs qualités militaires. Napoléon n'excite en eux que l'amour de la gloire, la passion des titres et des honneurs (ils deviennent maréchaux, ducs, princes, plus tard rois), et l'avidité des richesses. Il les tient dans sa dépendance, évite de donner trop de gloire à ceux qui ont le plus de valeur, et se montre quelquefois d'une basse jalousie à leur égard (Moreau dans le procès Pichegru). N'étant plus soutenus par les sentiments élevés, les généraux s'occupent trop souvent de leur intérêt personnel et de leurs rivalités particulières (guerre d'Espagne).

Le blocus continental. — Napoléon n'avait plus à craindre que l'Angleterre. Il avait cru la ruiner par le **blocus continental.** Les Anglais avaient déclaré en état de blocus tous les ports situés entre Brest et Hambourg (16 mai 1806) ; Napoléon déclara les Îles britanniques elles-mêmes en état de blocus (décret de Berlin) et l'Angleterre ayant répondu en bloquant tous les ports des alliés de la France, il décréta que tout bâtiment qui se laisserait visiter par les Anglais serait traité comme anglais (*décret de Milan*, 17 déc. 1807). Les marchandises anglaises introduites en contrebande furent brûlées. Mais on était obligé d'accorder à certains commerçants des *licences* qui donnèrent lieu à de honteux trafics.

Le blocus ne pouvait réussir qu'à condition d'être rigoureusement continental. Napoléon a obtenu l'adhésion du tsar à Tilsitt ; il obtiendra celle de tous les neutres en les menaçant d'une guerre, il l'impose aux pays qui sont occupés par ses troupes. Les denrées coloniales montent à des prix énormes (le sucre à 12 fr. le kg.), les souffrances sont grandes, une surveillance rigoureuse est exercée sur une immense étendue de côtes, et l'on commence à trouver dur le régime français. Partout Napoléon transporte son administration compliquée et despotique et veut l'appliquer aux vaincus. — Il enlève la Toscane à la veuve du roi d'Étrurie, Ancône au pape, pour acquérir de nouvelles côtes. Mais les Anglais bombardent Copenhague et saisissent la flotte danoise.

Le Portugal, lié à l'Angleterre depuis 1703, faisait passer des marchandises anglaises en Espagne. L'empereur s'entend avec Charles IV d'Espagne, que dominent la reine et son favori *Emmanuel Godoï*, prince de la *Paix* depuis 1795. Par le *traité de Fontainebleau*, on promet à Godoï le titre de prince des *Algarves*, à la reine d'Étrurie celui de reine de la *Lusitanie septentrionale*, à Charles IV celui d'*empereur des deux Amériques* ; Napoléon se réserve Lisbonne (27 oct. 1807). Le régent de Portugal refusant de déclarer la guerre aux Anglais, une armée franco-espagnole, sous *Junot*, entre à *Abrantès*, puis à Lisbonne (30 nov.). Le régent et la noblesse étaient partis pour le Brésil. Les places portugaises ne furent occupées que par des troupes françaises.

Les résistances nationales ; l'Espagne. — Godoï fit arrêter son ennemi, le fils de son roi, *Ferdinand, prince des Asturies*. Napoléon envoya en Espagne 80.000 hommes sous Murat, qui entra à Madrid, pendant que les insurgés d'*Aranjuez* (17-20 mars 1808) maltraitaient Godoï et forçaient Charles IV à abdiquer en faveur de Ferdinand VII. Napoléon attira les deux rois à *Bayonne* et les obligea tous deux à renoncer au trône (5-10 mai). Murat, qui venait de massacrer dans Madrid les adversaires de la France (2 mai), espérait être roi d'Espagne ; Napoléon donna cette couronne à *Joseph*. Murat fut roi de Naples.

Alors éclata en Espagne une insurrection populaire. Pour la première fois depuis 1793, les Français trouvaient devant eux, non pas un gouvernement, mais un peuple armé pour son indépendance. Poussés par leurs moines, regardant la guerre comme une croisade, les Espagnols mirent à profit la nature de leur pays, très mal connu des envahisseurs. Les émissaires, les porteurs de dépêches étaient mystérieusement tués sur les routes. Des *juntes*, ou comités insurrectionnels se formaient partout. Dans les premiers temps, jamais nos généraux ne rencontraient une armée, mais ils n'arrivaient jamais à pacifier complètement une région. Peu à peu les Espagnols s'enhardirent, la grande junte de Cadix leva des troupes, les villes soutinrent des sièges héroïques. Napoléon s'était faussement figuré que Joseph serait facilement accueilli à cause des réformes sociales qu'il apportait en Espagne ; mais ce même esprit d'indépendance, qui avait fait la force de la France en 1792, se retourna contre tout ce qui était français. La victoire de *Bessières* à *Medina del Rio seco* (14 juillet) confirma Napoléon dans ses illusions et il n'envoya en Espagne que de jeunes troupes. Mais *Dupont,* qui s'était avancé jusqu'à Cordoue, fut obligé de rétrograder vers la Sierra Moreña, dont les défilés étaient occupés par *Castaños* et *Reding* ; cerné, il capitula à *Baylen* et fit la folie d'ordonner à *Vedel,* qui avait passé les défilés, de revenir avec lui. 20.000 Français furent faits prisonniers (21 juillet) et transportés à l'île Cabrera. Cette capitulation effaça presque toutes les victoires antérieures.

Les Anglais débarquèrent en Portugal. Junot attaqué par *Wellesley* dans les lignes de *Cintra* fut obligé de capituler (30 août), mais avec honneur. Napoléon, avant d'aller soutenir son frère, voulut s'assurer de l'Allemagne. Il impose à la Prusse l'obligation de ne pas avoir sur pied plus de 42.000 hommes, et place des garnisons françaises dans trois villes, plus Danzig. Il eut avec le tsar une entrevue à **Erfurt** (27 sept. 1808), et lui permit définitivement de prendre la Moldo-Valachie. Puis grâce à la victoire de Lannes à *Tudela,* grâce au passage du col de *Somo-Sierra* par Napoléon, les Français rentrent à Madrid (4 décembre) : l'inquisition, les droits féodaux, les douanes provinciales furent abolis. Malgré Joseph, Napoléon multiplia les supplices, qui ne firent qu'animer la résistance. Les Anglais de *Moore,* repoussés par *Soult* en Galice, sont obligés de se rembarquer à la Corogne (11 janv. 1809). **Saragosse,** défendue par *Palafox,* est vainement assiégée dans l'été de 1808. Lannes recommence le siège (19 déc.-19 fév. 1809) et finit par entrer dans la ville en ruines.

Allemagne : les réformes de la Prusse. — La guerre d'Allemagne de 1809, comme celle d'Espagne, eut le caractère d'une guerre nationale, d'un soulèvement contre les Français. Une association secrète, la *Ligue de la vertu (Tugendbund)*, fondée dans les Universités prussiennes, s'étendait partout. Les yeux se tournaient vers la Prusse, où *Stein* introduisait quelques-unes des réformes sociales de la Révolution française, où *Scharnhorst*, sans dépasser le chiffre de 42.000 hommes, faisait passer tous les Prussiens sous les drapeaux en abaissant le temps du service. La reine Louise devenait une sorte d'héroïne nationale, déjà légendaire. Mais la Prusse n'était pas prête. L'Autriche s'était recueillie depuis 1805 et, grâce à l'archiduc Charles, elle avait refait son armée. Napoléon se plaignit vivement de ses armements. L'Autriche forma une *cinquième coalition*, avec l'Angleterre, les Espagnols, les Portugais.

Charles s'avança en Bavière. Mais l'empereur le battit à *Abensberg*, s'empara de *Landshut*, et Davout fut vainqueur à *Eckmühl* (22 avril). Les Français prirent *Ratisbonne*. Cependant les Autrichiens résistaient tout autrement qu'autrefois, et une insurrection populaire éclatait contre nous en Tyrol (l'aubergiste *Andreas Hœfer*). Les Autrichiens prenaient Varsovie.

Le 13 mai, Napoléon entra dans Vienne, Charles passa au nord du Danube, séparé des Français par la grande île de *Lobau*. Deux ponts de bateaux furent construits entre l'île et les rives, mais pendant le passage des troupes, le grand pont du sud se rompit. Masséna et Lannes, menacés d'être rejetés dans le fleuve, défendirent *Aspern* et Essling (21-22 mai) ; le pont, rétabli, fut de nouveau rompu et après un terrible combat, où Lannes fut tué, l'armée repassa dans l'île Lobau, où elle resta quarante jours et qu'elle transforma en camp retranché. — De nouveaux soulèvements eurent lieu en *Westphalie*, et même à Berlin.

Après l'arrivée de l'armée d'Italie (Macdonald), Napoléon passa sur la rive gauche du Danube, non pas à Essling, mais bien plus à l'Est, à *Enzersdorf*, et déboucha dans le Marchfeld. Il attaqua le plateau de **Wagram** et y battit l'archiduc (6 juillet). Repoussé jusqu'à *Znaïm*, celui-ci signa un armistice, bientôt suivi de la **paix de Vienne** (14 oct. 1809). L'Autriche cède Cracovie et la Galicie au grand-duc de Varsovie, Salzbourg à la Bavière : ses frontières maritimes lui sont enlevées et forment les provinces Illyriennes.— **Mais** ce qui montre le caractère déjà national de cette guerre, un étudiant saxon, Stabs, avait tenté de tuer Napoléon ; il refusa sa grâce et mourut en criant : *Vivat Teutonia !* Après la mort de Hœfer, le Tyrol fut donné au royaume d'Italie. — Les Anglais s'emparèrent de l'île Walcheren, et l'occupèrent pendant quatre mois.

État de l'Empire et de l'Europe vers 1810. — Après l'entrevue d'Erfurt, le système impérial est à son apogée. L'Europe continentale ne comprend que des peuples sujets, feudataires ou alliés de Napoléon :

I. Etats sujets de Napoléon :

1. **Empire français,** composé de 130 départements. Aux frontières de 1795 s'ajoutent successivement *Genève* et le *Valais,* le *Piémont,* la *Hollande* (avant 1810 à Louis), plus tard les *villes hanséatiques, Gênes,* la *Toscane,* les *Etats romains.* — Plus les provinces *Illyriennes* et les îles *Ioniennes.*

2. **Royaume d'Italie,** avec *Milan* pour capitale et Eugène de Beauharnais pour vice-roi ; comprend la *Vénétie,* la *Lombardie,* l'*Émilie* et la *Romagne* (24 départements).

II. Etats Feudataires, gouvernés par des princes français ou protégés par la France :

A) En Italie : le **royaume de Naples** (Joseph, puis Murat) ; les principautés de *Lucques* et de *Piombino* (Elisa Bonaparte), de *Guastalla* (*Pauline,* princesse Borghèse).

B) La **Confédération helvétique,** dont il est *médiateur.*

C) En Allemagne, la **Confédération du Rhin,** qui comprend maintenant : le *royaume de Westphalie* (à Jérôme, capitale *Cassel*) : les royaumes de *Wurtemberg* (le roi est le beau-père de Jérôme), de *Bavière* (comprend le nord du Tyrol), de *Saxe* ; les grands duchés de *Hesse-Darmstadt,* de *Bade,* de *Berg* (anciennement à Murat), plusieurs principautés. Francfort est la capitale de la confédération, dont Napoléon est *protecteur.*

D) **L'Espagne** (à Joseph) et, théoriquement, le *Portugal.*

E) Le grand duché de **Varsovie** au roi de Saxe.

III. Etats alliés, volontairement ou non :

1. **La Prusse,** réduite aux deux *Prusses,* à la *Poméranei*

orientale, au *Brandebourg* et à la *Silésie*, soumise aux dures conditions de 1807. *Danzig* est occupé par les Français.

2. **L'Autriche**, réduite par la paix de 1809. L'empereur François II est le beau-père de Napoléon, qui épouse Marie-Louise en 1810.

3. **La Russie**, unie par les traités de Tilsitt et d'Erfurt.

La **Suède** a donné le titre de *prince royal* à un maréchal de l'Empire, *Bernadotte*. La **Turquie** est attaquée par les **Russes**. Le roi de **Sardaigne** et le roi de **Sicile** sont confinés dans ces îles. Seule l'**Angleterre** résiste au maître du continent. Napoléon, après avoir fait prononcer son divorce d'avec *Joséphine de Beauharnais* (née Tascher de la Pagerie), épouse une princesse autrichienne et fonde une dynastie ; il donne à son fils le titre de **roi de Rome** (1811), pour indiquer qu'il veut, au-dessus de l'Empire français proprement dit, reconstituer l'empire d'Occident.

Sa puissance, exercée par ses préfets, ses généraux, ses ambassadeurs, est alors illimitée. En France, il aggrave la conscription et forme la *jeune garde* ; il a dans son armée des corps italiens, espagnols, suisses, etc. Il augmente les contributions indirectes (*Droits réunis*) et les droits de douane. Il rétablit la censure, fixe le nombre des imprimeurs, des libraires, des journaux. — Il fait pousser activement les travaux publics et, pour lutter contre les effets funestes du blocus continental, crée un *Conseil général des Manufactures*. La *betterave* remplace la canne à sucre. *Jacquard* invente le métier à tisser la soie, *Richard-Lenoir* introduit la culture du coton en Corse et en Italie, *Oberkampf* développe l'industrie des toiles peintes.

Cette puissance est menacée par diverses causes : 1° la lassitude des serviteurs de l'Empereur qui, gorgés d'or et d'honneurs, demandent le repos, tandis que l'Empereur ne peut maintenir son système qu'au prix d'incessantes victoires ; 2° la fatigue des vieux-Français, épuisés par les appels anticipés des classes, par les impôts, par le blocus ; 3° les résistances nationales dans les pays annexés, vassaux ou alliés, occupés par les troupes françaises, particulièrement en Espagne et en Allemagne ; 4° les protestations des consciences catholiques contre la politique religieuse de Napoléon.

VIII

La fin de l'Empire.

Guerre de Russie. — L'extension du grand-duché de Varsovie, l'annexion à l'Empire français de celui d'*Oldenbourg* et, comme représailles, la prohibition de l'entrée des marchandises françaises en Russie, déterminent une rupture entre les deux alliés. La Russie forme une *sixième coalition* avec l'Angleterre et la Suède (Bernadotte). Napoléon réunit à Dresde (1812) une véritable *armée d'Occident* (la cavalerie compte 22.000 Français sur 44.000 h.), levée dans toute l'Europe, plus une armée prussienne (sous Macdonald) à son aile gauche, et une armée autrichienne (*Schwarzenberg*) à son aile droite, en tout plus de 600.000 hommes disposés entre la Baltique et les Carpathes. Il entre à *Vilna* (28 juin) et passe entre l'armée de *Barclay de Tolly* et celle de *Bagration*. Mais Bagration rejoint Barclay. Napoléon entre à *Witepsk* (28 juillet), à *Smolensk* (18 août) et bat les Russes à *Borodino*, sur la *Moskowa*, malgré la résistance de *Kutusov* (5-7 sept.). Il se laisse aller à poursuivre les Russes jusque dans **Moscou**, qui est incendiée le 15 sept., et qu'il est obligé d'évacuer au début de l'hiver (19 oct.). Par la bataille de *Iaroslavetz*, Kutusov l'empêche de faire sa retraite par le Sud. L'armée, maltraitée par le froid, poursuivie par les Cosaques, commence à se désorganiser. Elle arrive à Smolensk (8-13 nov.), est attaquée par *Wittgenstein* à *Krasnoe*, où elle est rejointe par Ney. Du 25 au 29 novembre elle passe la **Bérésina**, dont les glaces venaient de fondre. Napoléon rentre en France, rappelé par la tentative de conspiration militaire de *Malet* et, après la perte de *Vilna*, la retraite devient déroute. Ney put ramener en Allemagne les débris de l'armée.

La coalition générale. — L'Allemagne alors se soulève. Le général *Yorck* et le corps prussien abandonnent l'armée. L'Autriche rentre dans la neutralité. Le roi de Prusse nous déclare la guerre et lance l'*Appel à mon peuple*. Les chants d'*Arndt* et de *Koerner* excitent le patriotisme (1813).

L'empereur, vainqueur à *Lutzen*, entre à Dresde. Il prend

Bautzen et *Wurschen*. *Metternich* fait signer l'armistice de *Pleswitz*, réunir le congrès de *Prague*, et offrir à Napoléon la frontière du Rhin, plus la Hollande et l'Italie. Sur son refus, l'Autriche entre dans la coalition (10 août 1813). L'empereur est vainqueur à *Dresde*, mais *Vandamme* est pris à *Kulm*, et *Oudinot* battu par *Bernadotte* à *Grossbeeren*. A **Leipzig** Napoléon, avec 130.000 hommes, est attaqué par 160.000 Autrichiens et Russes (Schwarzenberg) et 60.000 Prussiens (*Blücher*). Après les terribles combats des 17-19 octobre (*bataille des nations*), après la défection des Saxons, les Français évacuent Leipzig ; l'explosion prématurée du pont de l'*Elster* empêche deux corps entiers de suivre l'armée. 60.000 hommes avaient été tués de chaque côté. — Par le combat de *Hanau*, Napoléon arrive au Rhin, mais il laissait des garnisons dans toute l'Allemagne. — En Portugal, Masséna avait échoué contre *Wellington* devant les lignes de *Torres Vedras*, et avait été battu à *Fuentes de Oñoro* (3 mai 1811) : Ney et **Junot**, jaloux de lui, le servirent mal et le firent disgracier. *Suchet* reprit la Catalogne. Mais Wellington, vainqueur aux *Arapiles*, puis à *Vittoria* (21 juin 1813), passe les Pyrénées. — **Murat** s'était allié avec l'Autriche, dès que Napoléon eut rejeté, à *Francfort*, les propositions du congrès de *Mannheim* : la frontière de 1795.

L'invasion. La première Restauration. — Le 1er janvier 1814, Schwarzenberg (armée de *Bohême*) passe le Rhin à Bâle, Blücher (armée de *Silésie*) à Mayence, Bernadotte (armée du *Nord*) entre en Belgique, où Carnot défend Anvers. Napoléon se sert des falaises du bassin parisien pour empêcher la jonction de Blücher qui suit la Marne et de Schwarzenberg qui suit la Seine. Malgré la défaite de Blücher à *Brienne*, ils se joignent et sont vainqueurs à la *Rothière*. Mais ils se séparent, et Napoléon bat Blücher à *Champaubert* et à *Montmirail*, Schwarzenberg à *Montereau* (18 fév.). Il rejette Blücher vers le Nord par les combats de *Craonne* et de *Laon*. Le congrès de **Châtillon** échoue ; par le traité de *Chaumont* (1er mars), les quatre puissances *alliées* s'engagent à ne pas faire de paix séparée. Wellington bat Soult à *Toulouse* (10 avril) et *Louis XVIII* est proclamé roi à Bordeaux. Napoléon s'avance jusqu'à Arcis-sur-Aube, mais les alliés continuent leur marche sur Paris et, après le combat de *Fère-Champenoise*, forcent Marmont à signer la capitulation de

Paris (30 mars). Napoléon abdique le 6 avril. La nation subit sans résistance cette première invasion et accepte le retour des Bourbons. Alors commence la première Restauration (voy. *Manuel* de la 2e partie, ch. II). Mais Louis XVIII, malgré les conseils du tsar, se laisse entraîner par les émigrés et les réactionnaires. Bonapartistes, républicains, libéraux, voient dans le drapeau blanc un symbole de la restauration de l'ancien régime, et souhaitent le retour du drapeau tricolore.

Waterloo. Les cent jours. — Interné à l'*île d'Elbe*, Napoléon profite des fautes de Louis XVIII pour débarquer au golfe Jouan (1er mars 1815). Acclamé sur sa route par les troupes de *Labédoyère* près de Vizille, de Ney à Auxerre, il entre à Paris le *20 mars*. Il se pose en souverain libéral et pacifique, proclame l'*Acte additionnel* et le fait approuver par le *Champ de Mai*. Les diplomates réunis à Vienne, par une déclaration du 13 mars, l'ont mis au ban de l'Europe. Il porte toutes ses forces vers la Belgique, passe la Sambre, bat les Prussiens à *Ligny*, pendant que Ney résiste aux Anglais à *Quatre-Bras* (16 juin). Le 18, l'armée établie sur les hauteurs de la *Belle-Alliance*, attaque le plateau du *Mont-Saint-Jean*, occupé par Wellington, qui avait son quartier général à **Waterloo**. Les Prussiens de Blücher, que *Grouchy* avait été poursuivre beaucoup trop vers l'Est, attaquèrent la droite de notre armée. Après les héroïques charges de Ney contre les Anglais, la déroute commença, malgré la résistance de la garde. L'empereur échappa à peine à l'ennemi, qui arriva bientôt devant Paris ; une seconde capitulation fut signée le 5 juillet. *Cent jours* s'étaient écoulés entre la fuite et la rentrée à Paris de Louis XVIII. Napoléon avait vainement abdiqué, dès le 22 juin, en faveur de Napoléon II. Il se livra aux Anglais, qui le transportèrent à *Sainte-Hélène*. Gardé par Hudson Lowe, entouré de Montholon, de Las Cases, de Bertrand, etc., il y fit rédiger le *Mémorial*, et y mourut le 5 mai 1821.

Les traités de Paris. Les remaniements territoriaux en Europe. — La situation de la France avait été réglée par la convention du 23 avril 1814 et le **premier traité de Paris** (30 mai) qui nous laissait la frontière de 1792 (*Philippeville, Bouillon, Sarrelouis, Landau, département de la Savoie*) et qui nous enlevait *Tabago, Sainte-Lucie,* l'*île de France*, et les places laissées hors de nos frontières avec leurs approvisionnements. Talleyrand envoyé par Louis XVIII au **Congrès de Vienne** ne pouvait revenir sur ces points. Les *quatre* puissances alliées voulaient tout régler à leur guise, donner la Pologne à Alexandre, la Saxe à Frédéric-Guillaume. — Talleyrand fait adjoindre aux *quatre* la France et l'Espagne, puis obtient la réunion plénière du Congrès. Il invoque le *droit de légitimité*, en faveur du roi de Saxe et du roi des Deux-Siciles (l'Autriche soutenait Murat à Naples). Il effraie les Anglais (lord Castlereagh, puis Wellington) et l'empereur François II au sujet des plans ambitieux de la Prusse et de la Russie ; il menace même d'entrer en guerre. Le 3 janvier 1815, une *triple alliance* est signée entre la France, l'Autriche et l'Angleterre, les Etats secondaires y accèdent. L'acte final du Congrès est signé après le débarquement de Napoléon en Provence. Mais les souverains alliés, tout en déclarant qu'ils ne font plus la guerre à la nation française, ne se contentent pas du traité de 1814. L'Autriche et la Prusse veulent démembrer la France. Grâce aux relations du nouveau ministre, le *duc de Richelieu*, avec le tsar, le traité du **20 novembre 1815** nous laisse les frontières de 1790 moins Landau, Philippeville, Marienburg, des terres dans le Jura et sur le Léman : nous ne gardons de nos acquisitions que *Mulhouse, Montbéliard, Avignon*.

Le Congrès a été un véritable marchandage de terres et **d'âmes**. Toute la question était de savoir si l'on donnerait à la Prusse des âmes polonaises ou saxonnes. Le Congrès était surtout dirigé contre la France et contre les idées révolutionnaires, contre ces passions nationales dont les souverains s'étaient servis contre nous. Talleyrand a réussi : 1° à empêcher la Prusse de s'arrondir au sud ; 2° à rendre la Russie mécontente ede ses alliés ; 3° à éviter la constitution d'une forte nationalité allemande. Au point de vue des intérêts des Bourbons, il a obtenu la chute de Murat (fusillé après sa tentative du 10 avril 1815). Il a accordé à l'Angleterre l'abolition de la traite dans nos colonies.

La France réduite cède la *Belgique, Bouillon* et *Philippeville*, au prince d'Orange (*Royaume des* **Pays-Bas**), *Sarrelouis* à la **Prusse**, *Landau* à la Bavière, *Versoix* à la Suisse, toute la *Savoie et Nice* au roi de Sardaigne. L'Allemagne forme une **Confédération germanique** (diète de Francfort) : la

Prusse recouvre ses possessions (sauf Varsovie) et acquiert la *Lusace*, la *Poméranie*, la *Westphalie* et la *province rhénane, Danzig* : la Bavière acquiert le *Bas Palatinat* ; l'Autriche occupe le *royaume* **Lombard-Vénitien**, etc. Le *Holstein* (au roi de Danemark), le *Luxembourg* (au roi des Pays-Bas) font partie de la Confédération, tandis que les deux Prusses et Posen (à la Prusse) et les provinces polonaises, hongroises et italiennes de l'Autriche en sont exclues. En Italie la maison de Sardaigne acquiert *Gênes* ; les Etats de l'Eglise, des Deux-Siciles, de Toscane, Parme, Modène, sont reconstitués. La Suisse est déclarée *neutre* et exerce un droit de surveillance sur *Huningue*, le pays de *Gex* (à la France), le *Chablais* et le *Faucigny* (à la Sardaigne). Le tsar forme avec la province de Varsovie le *royaume de* **Pologne**. La *Norvège* devient un royaume uni à la Suède (Bernadotte). L'Angleterre qui garde, en outre des colonies françaises, le *Cap, Ceylan*, la *Guyane occidentale* (anciennement à la Hollande), la *Trinité* (à l'Espagne), *Malte* et le protectorat des *îles Ioniennes*, va exercer la suprématie.

de 1800 à 1815.

	FRANCE	ALLEMAGNE	ITALIE	ANGLE-TERRE	RUSSIE	ORIENT	ESPAGNE	COLO-NIES
1800	24 décembre : Machine infernale.	Campagne de Moreau 3 décembre : Hohenlinden.	14-20 mai : St Bernard. 14 juin : *Marengo*. Mort de Desaix.	26 décembre. Neutralité armée.		14 juin. Mort de Kléber.		
1801	15 juillet : *Concordat*.	9 février : *Lunéville*.	Royaume d'Etrurie.	2 avril : Bombardement de Copenhague.		2 septemb. Evacuation de l'Egypte.		
1802	Sénatus-c. de l'an X. Légion d'honneur.		République italienne.	*Paix d'Amiens*				
1803		Recès du 25 février.						
1304	Pichegru. Cadoudal.							

Synchronisme des principaux événements
de 1800 à 1815 (*Suite.*)

	FRANCE	ALLEMAGNE	ITALIE	ANGLETERRE	RUSSIE	ORIENT	ESPAGNE	COLO-NIES
1804	Duc d'Enghien. Sénatus-c. de l'an XII. Napoléon, *empereur*.							
1805	Camp de Boulogne. *Grande Armée*.	3e coalition. 2 décembre: *Austerlitz*. 26, paix de Presbourg.	Napoléon roi d'Italie.	21 octobre : *Trafalgar*.				
1806		Louis, roi de Hollande. 12 j. *Confédé-ration du Rhin*. Empire	Joseph, roi de Naples,					

1807	d'Autriche. 4e coalition. Campagne de Prusse. *Iéna. Auerstaedt.* Royaume de Westphalie. Grand Duché de Varsovie.		Blocus.	8 février : *Eylau.* 14 juin. Friedland. 25 juin. *Tilsitt.* 27 septemb. *Erfurt.*	
1808		Murat, roi de Naples. Annexion de Rome.			Insurrection d'Aranjuez. Guet-apens de *Bayonne.* Joseph, roi d'Espagne. Medina del Rio seco. Capitulation de *Baylen.* Prise de Saragosse.
1809	5e coalition. Eckmühl. *Essling. Wagram.* Paix de Vienne.				

Synchronisme des principaux événements

de 1800 à 1815 *(fin.)*

	FRANCE	ALLEMAGNE	ITALIE	ANGLETERRE	RUSSIE	ORIENT	ESPAGNE	COLO-NIES
1810								Révolte du Mexique et de la Co-lombie.
1811	Concile national. Roi de Rome.						Torrès-Vedras.	
1812	Conspiration Malet.				6e coalition Campagne de Russie. 13 septemb. *Moscou.* 25-29 nov. *Bérésina.*			Bolivar.
1813		Déclaration de guerre de la Prusse. Congrès de Prague. *Leipzig.*					Arapiles.	
1814	Invasion. — Congrès de Châtillon. — Bataille de Toulouse. — Abdication.— 1re Restauration. 4 juin : *Charte.* — 30 mai : 1er traité de Paris. — *Congrès de Vienne.*							
1815	20 mars : Cent-Jours. — Acte additionnel. Champ de mai. — Seconde abdication. — Seconde *restauration.* —18 juin : *Waterloo.* — Sainte-Alliance. — 20 novembre : second traité de Paris							

TABLE

BIBLIOTHEQUE NATIONALE DE FRANCE
3 7502 00619974 1

9 782329 735368